다양한 주제를 통해 완성하는 듣기 실전서!

한권으로 끝내는

독일어 듣기 고급 4주 완성

이혜진 지음

시원스쿨닷컴

초판 1쇄 발행 2021년 5월 3일
초판 2쇄 발행 2024년 4월 2일

지은이 이혜진
펴낸곳 (주)에스제이더블유인터내셔널
펴낸이 양홍걸 이시원

홈페이지 www.siwonschool.com
주소 서울시 영등포구 영신로 166 시원스쿨
교재 구입 문의 02)2014-8151
고객센터 02)6409-0878

ISBN 979-11-6150-471-1
Number 1-530209-25252506-04

머리말

10년 전, 제가 독일 유학을 결정했을 때만 하더라도, 한국에서 독일어는 다소 생소한 제2외국어였으나 지금은 독일에 대한 관심이 높아져 비교적 쉽게 접할 수 있는 언어가 되었습니다. 그만큼 많은 입문 및 초, 중급 교재가 시중에 출간되어 있습니다. 그러나 중급 단계를 마치고 고급 단계로 도약하고자 하는 학습자들을 위한 교재는 부족한 현실입니다. 그래서 저는 다양하고 재미있는 주제로 배울 수 있는 고급 독일어 교재의 필요성을 느껴 왔고, 생생한 독일어 표현과 독일에서 생활할 때 도움이 될 만한 알찬 정보를 전달하고 싶었습니다.

[한 권으로 끝내는 독일어 듣기 고급 4주 완성]은 10년 동안 독일에서 생활하며 쌓아 온 생생한 독일어를 수록한 교재입니다. '고급 수준의 독일어를 청취하고 이해할 수 있다'는 것은 어휘력을 바탕으로 다양한 주제의 긴 지문을 청취하며 전반적인 내용을 이해할 수 있고, 더 나아가 함축된 내용까지 추측할 수 있다는 의미입니다. 이러한 고급 수준에 이를 수 있도록 하기 위해 [한 권으로 끝내는 독일어 듣기 고급 4주 완성] 교재는 독일에 관련된 일반적인 상식 및 역사, 예술, 건강 등과 같이 고급 수준에서 자주 다뤄지는 주제를 뉴스나 강연 등의 다양한 형식으로 구성했습니다. 뿐만 아니라 단순히 지문을 듣고 끝내는 것이 아닌, 독일어 능력 시험과 동일한 유형의 연습 문제를 풀어 보고, 빈칸 채우기를 해 보면서 독일어 청취 실력을 향상시킬 수 있습니다.

[한 권으로 끝내는 독일어 듣기 고급 4주 완성] 교재를 통해 장문 독일어 청취에 조금이나마 쉽게 다가갈 수 있기를 바라며, 본 교재가 여러분이 독일어를 처음 공부하기 시작했을 때의 흥미와 열정을 더욱 돋워 줄 수 있기를 바랍니다.

이 책이 출간될 수 있도록 많은 도움을 주신 모든 분께 감사드리며,
학습자분들께도 진심을 담아 응원을 보냅니다.

저자
이혜진

이 책의 구성과 특징

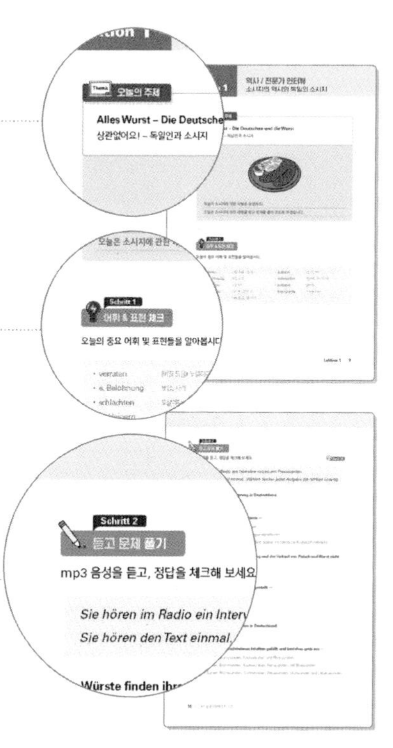

오늘의 주제

오늘 학습할 Lektion이 무엇인지 안내합니다. 오늘의 주제를 확인하고 스스로 학습 목표를 설정해 보세요.

어휘 & 표현 체크

해당 내용을 듣기 전, 반드시 학습해야 할 중요 어휘 및 표현입니다. 어휘와 표현을 미리 학습하고 청취한다면 문제를 푸는 데 큰 도움이 될 것입니다.

듣고 문제 풀기

Richtig/Falsch와 Multiple-Choice로 출제된 문제입니다. 네이버 오디오 클립에서 제공하는 MP3 파일을 듣고 문제를 풀어 보세요.

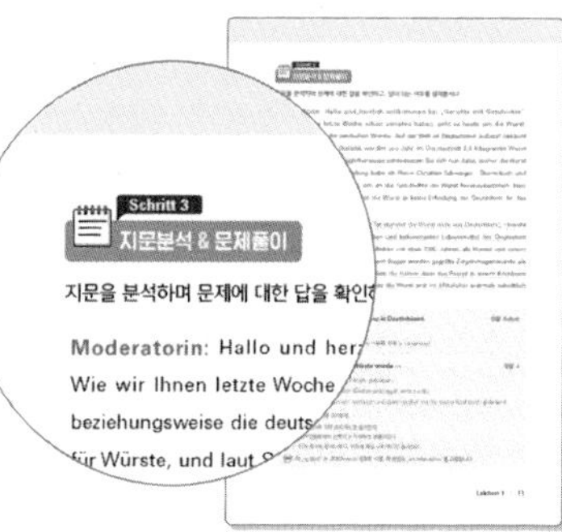

지문 분석 & 문제 풀이

앞서 푼 문제의 정답 및 해석과 함께, 답이 되는 이유에 대한 설명과 주의할 점, 반의어와 유의어 등을 Tipp으로 안내합니다. Tipp을 참고하며 지문의 밑줄 친 부분과 문제를 대조해 보세요. 지문의 빨간 글씨는 핵심 단어입니다.

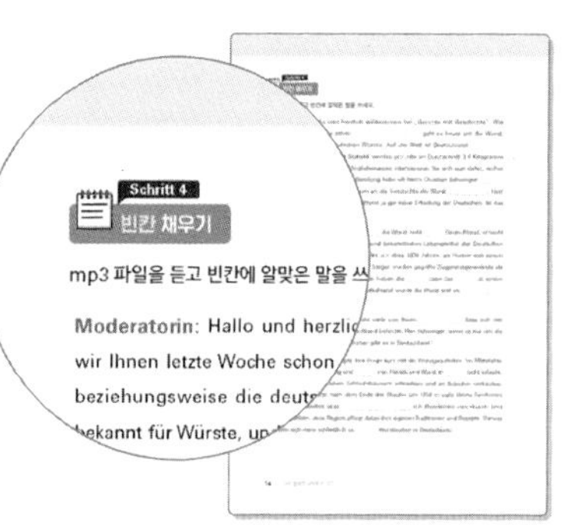

빈칸 채우기

MP3 파일을 다시 한번 듣고 빈칸을 채워 보세요. 받아쓰기는 청취 능력을 향상시키는 데 도움이 됩니다.

지문 해석

지문에 대한 해석입니다. 참고로 문제에 대한 해석은 각 Lektion의 지문 분석 & 문제 풀이에 수록하였습니다. ※ 이 책의 모든 해석은 독어 지문의 어휘와 문법 구조를 최대한 살려 직역했습니다.

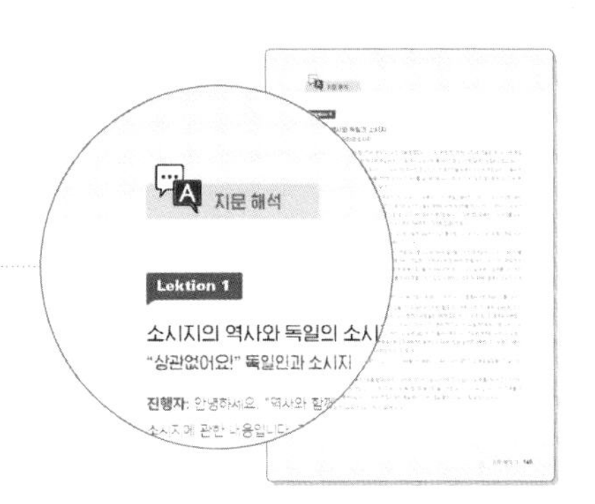

빈칸 채우기 정답

빈칸 채우기의 답입니다. 본인의 답과 비교해 보고, 어떤 부분을 주로 틀렸는지 확인해 보세요. 틀린 부분을 여러 번 듣거나, 따라 말하는 것 또한 청취력 향상에 도움이 됩니다.

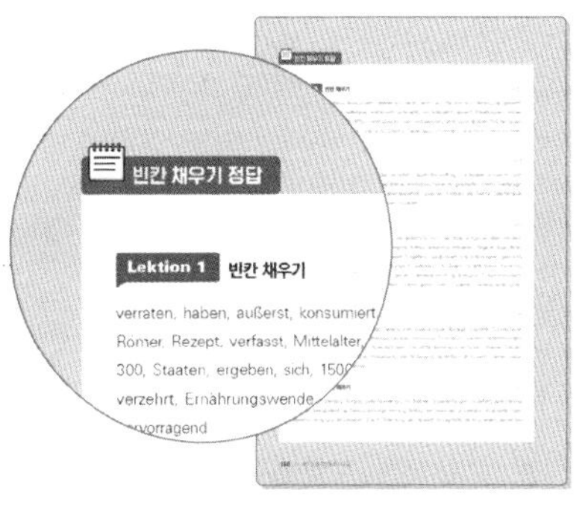

인덱스

모든 Lektion의 어휘 & 표현 체크에서 학습한 어휘뿐만 아니라 지문과 문제에 나오는 고난이도 단어들을 추가적으로 정리하였습니다.

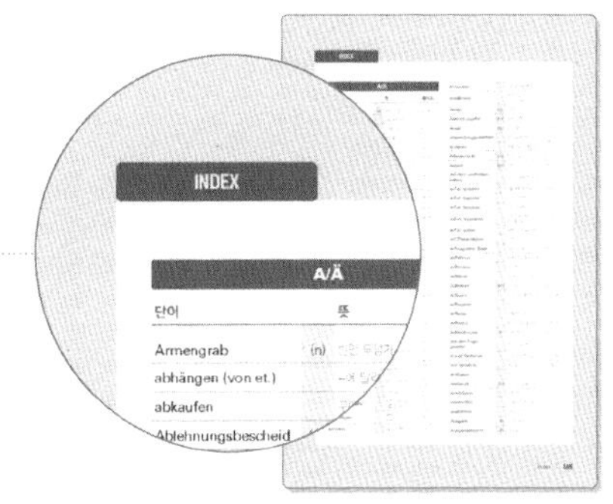

네이버 오디오클립에서 <시원스쿨 독일어> 또는 <한 권으로 끝내는 독일어 듣기 고급 4주 완성>을 검색해서, 듣기 지문의 음성 녹음을 확인하며 공부해 보세요.

목차

고급 독일어로 도약하기

■ 고급 수준의 독일어란?

고급 수준의 독일어를 구사하기 위해서 이해의 측면에서는 복잡한 지문을 읽고, 주요 정보를 파악할 수 있어야 합니다. 표현의 측면에서는 복잡한 문법을 사용하되, 명확하고 체계적으로 자신의 의견을 피력하고 즉흥적으로 논의할 수 있어야 합니다. 이는 유학이나 독일어를 활용하는 전문 분야로의 취업 시 주로 요구되는 수준입니다.

■ 독일어 실력을 보다 향상시키려면?

교재뿐만 아니라 시사적인 내용을 포함한 다양한 매체를 적극적으로 활용하여 살아 있는 독일어를 접하세요. 온라인 매체로는 도이치벨레 Deutsche Welle (www.dw.com/de)와 도이치페어펙트 Deutsch perfekt(www.deutsch-perfekt.com), 그리고 슈피겔지 Spiegel(www.spiegel.de) 등을 추천합니다. 이때 능동적으로 학습하는 자세가 중요합니다. 새롭게 배운 어휘와 표현을 활용하는 것은 물론, 명사-동사 결합법(Nomen-Verb-Verbindungen) 등을 이용하여 유사한 표현으로 바꾸어 보거나 자신의 언어로 요약해 보세요. 어느 순간 독일어 실력이 향상된 것을 발견할 수 있을 것입니다.

■ 독일어 청취 방법

'청취'는 대부분의 학습자들이 가장 어려워하는 영역입니다. 청취 실력을 향상시키기 위해서는 독일에 거주하며 독일어에 완전히 노출되는 것이 가장 좋겠지만 그럴 수 없는 상황이라면 제가 추천하는 두 가지 방법을 활용해 보세요!

1. 지문 다시 듣고 받아쓰기 & 문장 재생산 하기

지문을 다시 듣고 받아쓰며, 처음 들었을 때 놓친 단어와 내용이 있는지 확인해 보세요. 더 나아가 지문을 재생산(Inhaltsangabe in eigenen Worten)해 보는 것도 큰 도움이 됩니다. 청취한 내용을 새롭게 알게 된 표현과 이미 알고 있던 표현을 모두 이용하여 다른 사람에게 설명하다 보면 실력이 더욱 향상될 것입니다.

2. 지문을 소리 내어 읽고 원어민의 발음과 비교해서 듣기

듣기는 단어 및 문장을 듣고 이해하는 능력입니다. 즉 눈으로만 보았던 단어의 소리가 머릿속에서 문장으로 조합이 되어야 최종적으로 이해가 되는 것이죠. 그러므로 단어와 표현, 문장 단위를 장음, 강세, 억양, 연음 등에 유의하여 생동감 있게 소리 내어 읽어 보세요. 또 원어민의 발음과 자신의 발음을 비교하며 듣는 것도 큰 도움이 됩니다.

Lektion 1

역사 / 전문가 인터뷰
소시지의 역사와 독일의 소시지

오늘의 주제

Alles Wurst – Die Deutschen und die Wurst

상관없어요! – 독일인과 소시지

독일의 소시지에 대한 사랑은 유명하죠!

오늘은 소시지에 관한 내용을 듣고 문제를 풀어 보도록 하겠습니다.

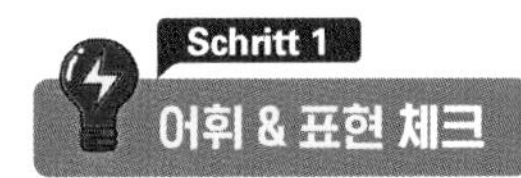

오늘의 중요 어휘 및 표현들을 알아봅시다.

- verraten (비밀 등을) 누설하다
- e. Belohnung 보답, 사례
- schlachten 도살하다
- zerkleinern 잘게 부순, 조각 낸
- grob 대략적으로, 입자가 큰
- äußerst 대단히, 극히
- verknüpfen 연결하다, 관련시키다
- zerfallen 몰락하다
- hierzulande 이 부분에서는

mp3 음성을 듣고, 정답을 체크해 보세요.

Sie hören im Radio ein Interview mit einem Prominenten.
Sie hören den Text einmal. Wählen Sie bei jeder Aufgabe die richtige Lösung.

1. Würste finden ihren Ursprung in Deutschland.

☐ Richtig ☐ Falsch

2. Das erste Rezept für Würste wurde …

a. von Homer ins Kochbuch getragen.

b. von Römern einem Wettstreitkrieger verschenkt.

c. zuerst von Römern verfasst und dann später ins deutsche Kochbuch gebracht.

3. Früher waren die private Herstellung und der Verkauf von Fleisch und Wurst nicht gestattet.

☐ Richtig ☐ Falsch

4. Im Mittelalter wurden Würste hergestellt …

a. in Privathäusern.

b. in öffentlichen Schlachthöfen.

c. auf öffentlichen Märkten.

5. Es gibt ca. 15.000 Wurstsorten in Deutschland.

☐ Richtig ☐ Falsch

6. Würste sind mit verschiedenen Inhalten gefüllt und bestehen grob aus …

a. drei Sorten: Brühwürsten, Kochwürsten und Rohwürsten.

b. vier Sorten: Brühwürsten, Kochwürsten, Rohwürsten und Blutwürsten.

c. fünf Sorten: Brühwürsten, Kochwürsten, Rohwürsten, Blutwürsten und Leberwürsten.

지문을 분석하며 문제에 대한 답을 확인하고, 답이 되는 이유를 살펴봅시다.

Moderatorin: Hallo und herzlich willkommen bei „Gerichte mit Geschichte". Wie wir Ihnen letzte Woche schon verraten haben, geht es heute um die Wurst, beziehungsweise die deutschen Würste. Auf der Welt ist Deutschland äußerst bekannt für Würste, und laut Statistik werden pro Jahr im Durchschnitt 2,6 Kilogramm Wurst pro Kopf konsumiert! Möglicherweise interessieren Sie sich nun dafür, woher die Wurst kommt? Zur heutigen Sendung habe ich Herrn Christian Schweiger - Sternekoch und Kochbuchautor - eingeladen, um an die Geschichte der Wurst heranzukommen. Herr Schweiger, soweit ich weiß, ist die Wurst ja keine Erfindung der Deutschen. Ist das richtig?

Herr Schweiger: ① Nein, in der Tat stammt die Wurst nicht aus Deutschland, obwohl die Wurst ja eines der beliebtesten und bekanntesten Lebensmittel der Deutschen ist. Die Geschichte beginnt in der Antike vor etwa 3300 Jahren, als Homer von einem Wettstreit der Krieger berichtete. Dem Sieger wurden gegrillte Ziegenmagenwürste als Belohnung gereicht. ② Später haben die Römer dann das Rezept in einem Kochbuch verfasst, aber in Deutschland wurde die Wurst erst im Mittelalter erstmals schriftlich erwähnt.

1. Würste finden ihren Ursprung in Deutschland. **정답: Falsch**

1. 소시지의 기원은 독일에 있다.

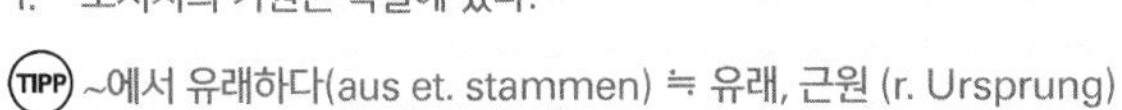

2. Das erste Rezept für Würste wurde ··· **정답: c**

a. von Homer ins Kochbuch getragen.
b. von Römern einem Wettstreitkrieger verschenkt.
c. zuerst von Römern verfasst und dann später ins deutsche Kochbuch gebracht.

2. 소시지의 첫 번째 요리법은 ···

a. 호메로스에 의해 요리책으로 옮겨졌다.
b. 로마인들로부터 전투의 승리자에게 선물되었다.
c. 먼저 로마로 전파되었고, 이후에 독일 요리책으로 옮겨졌다.

TIPP c의 „später"는 고대(Antike) 이후의 시점, 즉 본문의 „im Mittelalter"를 지칭합니다.

Moderatorin: Hoffentlich sind nicht viele von Ihnen enttäuscht, dass sich der Ursprung der Wurst nicht in Deutschland befindet. Herr Schweiger, wenn es nur um die deutsche Wurst geht, wie viele Sorten gibt es in Deutschland?

Herr Schweiger: Ich verknüpfe Ihre Frage kurz mit der Wurstgeschichte : ③ Im Mittelalter war Metzgern die Herstellung und Verkauf von Fleisch und Wurst in Privathäusern nicht erlaubt. ④ Sie mussten in öffentlichen Schlachthäusern schlachten und an Ständen verkaufen. Als Deutschland dann nach dem Ende der Staufer um 1250 in viele kleine Territorien zerfiel, entstanden über 300 Staaten mit Hunderten von Wurst- und Schlachtbänken. Jede Region pflegt dabei ihre eigenen Traditionen und Rezepte. ⑤ Daraus ergeben sich dann schließlich ca. 1.500 Wurstsorten in Deutschland.

3. Früher waren die private Herstellung und der Verkauf von Fleisch und Wurst nicht gestattet. **정답**: Richtig

3. 옛날에는 고기와 소시지의 사적 생산과 판매는 이루어지지 않았다.

TIPP nicht erlaubt sein ≒ nicht gestattet sein

4. Im Mittelalter wurden Würste hergestellt … **정답**: b

a. in Privathäusern.
b. in öffentlichen Schlachthöfen.
c. auf öffentlichen Märkten.

4. 중세시대에는 소시지는 … 생산되었다.
a. 개인의 집에서
b. 공공 도살장에서
c. 공공 시장에서

TIPP 도축하여(schlachten) 생산되는(herstellen) 것이므로 의미가 확장되었습니다.

5. Es gibt ca. 15.000 Wurstsorten in Deutschland. **정답**: Falsch

5. 독일에는 15,000개의 소시지 종류가 있다.

TIPP 1.500 ≠ 15.000 숫자 듣기에 주의하세요.

Moderatorin: Aha, sehr interessant. Herr Schweiger, und wie entsteht die Wurst, und wie unterscheiden sich die jeweiligen Wurstsorten?

Herr Schweiger: Sie besteht aus verschiedenen Inhalten, und zwar zerkleinerten Fleischsorten, Speck, Blut oder Innereien, die zusammen mit Gewürzen in Tierdärme gefüllt werden. ⑥ Man unterscheidet hierzulande grob zwischen drei Wurstsorten: den Brühwürsten, den Kochwürsten und den Rohwürsten. Zu den Brühwürsten zählen die bayrische Weißwurst, Frankfurter, Lyoner und Wiener, und die Kochwürste wie Blut -, Leber - oder Sülzwürste und Haggis bestehen zum großen Teil aus gekochtem Fleisch. Rohwürste bestehen aus rohem Fleisch und werden ungekocht verzehrt, zum Beispiel Mett- oder Teewurst. Mit der Ernährungswende zur Vegetarisierung werden Würste heutzutage ebenfalls entweder vegetarisch oder vegan hergestellt.

6. Würste sind mit verschiedenen Inhalten gefüllt und bestehen grob aus … **정답: a**

a. drei Sorten: Brühwürsten, Kochwürsten und Rohwürsten.
b. vier Sorten: Brühwürsten, Kochwürsten, Rohwürsten und Blutwürsten.
c. fünf Sorten: Brühwürsten, Kochwürsten, Rohwürsten, Blutwürsten und Leberwürsten.

6. 소시지는 다양한 내용물로 이루어져 있고, 대략 …로 구성되어 있다.

a. 세 가지 종류: 데운 소시지, 삶은 소시지, 그리고 생육 소시지
b. 네 가지 종류 : 데운 소시지, 삶은 소시지, 생육 소시지, 그리고 피로 만든 소시지
c. 다섯 가지 종류: 데운 소시지, 삶은 소시지, 생육 소시지, 피로 만든 소시지 그리고 간으로 만든 소시지

TIPP Man unterscheidet zwischen drei Wurstsorten ≒ Würste bestehen aus drei Sorten. 선택지에서 직접적으로 „drei Sorten"이라고 제시되었으니, 어렵지 않은 문제였죠?

Moderatorin: Okay, so viel zum Thema, und in der Sendung bereiten wir noch zusammen eine Currywurst zu. Die ist im Gegensatz zu Wurst allgemein doch eine deutsche Erfindung, oder? Wer hat sie denn erfunden?

Herr Schweiger: Ja, genau. Wer genau die Currywurst erfunden hat, ist umstritten. Aber der Fakt ist: Eine Dame aus der Hauptstadt Berlin hat das Rezept patentieren lassen. Hierbei handelt es sich um eine Brühwurst, die mal gebraten, mal gegrillt auf dem Teller landet und unter einer roten Ketchup-Sauce verschwindet. Ein bisschen Currypulver verfeinert ja den Geschmack. Mit Curry und Ketchup schmeckt die deutsche Wurst hervorragend! Also dann, lassen Sie es sich gut schmecken!

Moderatorin: Guten Appetit, liebe Zuschauer und herzlichen Dank, Herr Schweiger!

mp3 파일을 듣고 빈칸에 알맞은 말을 쓰세요.

Moderatorin: Hallo und herzlich willkommen bei „Gerichte mit Geschichte". Wie wir Ihnen letzte Woche schon ______ ______, geht es heute um die Wurst, beziehungsweise die deutschen Würste. Auf der Welt ist Deutschland ______ bekannt für Würste, und laut Statistik werden pro Jahr im Durchschnitt 2,6 Kilogramm Wurst pro Kopf ______! Möglicherweise interessieren Sie sich nun dafür, woher die Wurst kommt? Zur heutigen Sendung habe ich Herrn Christian Schweiger - ______ und Kochbuchautor - eingeladen, um an die Geschichte der Wurst ______. Herr Schweiger, soweit ich weiß, ist die Wurst ja gar keine Erfindung der Deutschen. Ist das richtig?

Herr Schweiger: Nein, in der Tat ______ die Wurst nicht ______ Deutschland, obwohl die Wurst ja eines der beliebtesten und bekanntesten Lebensmittel der Deutschen ist. Die Geschichte beginnt in der Antike vor etwa 3300 Jahren, als Homer von einem Wettstreit der Krieger berichtete. Dem Sieger wurden gegrillte Ziegenmagenwürste als ______ ______. Später haben die ______ dann das ______ in einem Kochbuch ______, aber in Deutschland wurde die Wurst erst im ______ erstmals schriftlich erwähnt.

Moderatorin: Hoffentlich sind nicht viele von Ihnen ______, dass sich der Ursprung der Wurst nicht in Deutschland befindet. Herr Schweiger, wenn es nur um die deutsche Wurst geht, wie viele Sorten gibt es in Deutschland?

Herr Schweiger: Ich ______ Ihre Frage kurz ___ der Wurstgeschichte: Im Mittelalter war ______ die Herstellung und ______ von Fleisch und Wurst in ______ nicht erlaubt. Sie mussten in öffentlichen Schlachthäusern schlachten und an Ständen verkaufen. Als Deutschland dann nach dem Ende der Staufer um 1250 in viele kleine Territorien ______, entstanden über ______ ______ mit Hunderten von Wurst- und Schlachtbänken. Jede Region pflegt dabei ihre eigenen Traditionen und Rezepte. Daraus ______ ___ dann schließlich ca. ______ Wurstsorten in Deutschland.

Moderatorin: Aha, sehr interessant. Herr Schweiger, und wie entsteht die Wurst, und wie ____________ ______ die jeweiligen Wurstsorten?

Herr Schweiger: Sie besteht aus verschiedenen Inhalten, und zwar ____________ Fleischsorten, Speck, Blut oder Innereien, die zusammen mit Gewürzen in Tierdärme gefüllt werden. Man unterscheidet hierzulande ______ zwischen drei Wurstsorten: den Brühwürsten, den Kochwürsten und den Rohwürsten. Zu den Brühwürsten zählen die bayrische Weißwurst, Frankfurter, Lyoner und Wiener, und die Kochwürste wie Blut-, Leber- oder Sülzwürste und Haggis bestehen ______ ____________ ______ aus gekochtem Fleisch. Rohwürste ____________ aus rohem Fleisch und werden ungekocht ____________, zum Beispiel Mett- oder Teewurst. Mit der __________________ zur Vegetarisierung werden Würste heutzutage ebenfalls entweder vegetarisch oder vegan hergestellt.

Moderatorin: Okay, ______ ______ ______ ____________, und in der Sendung bereiten wir noch zusammen eine Currywurst zu. Die ist im ____________ zu Wurst allgemein doch eine deutsche Erfindung, oder? Wer hat sie denn erfunden?

Herr Schweiger: Ja, genau. Wer genau die Currywurst erfunden hat, ist ____________. Aber der Fakt ist: Eine Dame aus der Hauptstadt Berlin hat das Rezept ____________ lassen. Hierbei handelt es sich um eine Brühwurst, die mal gebraten, mal gegrillt auf dem Teller landet und unter einer roten Ketchup-Sauce __________________. Ein bisschen Currypulver verfeinert ja den Geschmack. Mit Curry und Ketchup schmeckt die deutsche Wurst ____________! Also dann, lassen Sie es sich gut schmecken!

Moderatorin: Guten Appetit, liebe Zuschauer und herzlichen Dank, Herr Schweiger!

Lektion 2

역사 / 전문가 인터뷰
독일의 아이콘 - 브란덴부르크문

오늘의 주제

Ein Wahrzeichen Deutschlands: Das Brandenburger Tor
독일의 아이콘 – 브란덴부르크문

독일의 수도, 베를린에 있는 브란덴부르크문은 독일의 대표적인 상징 중 하나입니다.

오늘은 브란덴부르크문의 역사와 상징에 대한 전문가의 인터뷰를 듣고 문제를 풀어 보겠습니다.

Schritt 1
어휘 & 표현 체크

오늘의 중요 어휘 및 표현들을 알아봅시다.

- deportieren 추방하다, 보내다
- sich verbergen hinter et. 숨기다
- in Auftrag geben 부탁하다, 지시하다
- verschleppen (강제로) 끌고 가다
- fungieren als ~로서 역할을 하다
- demnach 그리하여, 따라서
- vermitteln (지식/사안을) 전달하다
- ursprünglich 최초에
- beschädigt 손상된
- anziehen 매혹하다, 사로잡다

mp3 음성을 듣고, 정답을 체크해 보세요.

Sie hören ein Interview mit einem Wissensexperten.

Sie hören den Text einmal. Wählen Sie bei jeder Aufgabe die richtige Lösung.

1. Das Brandenburger Tor ist unter Touristen beliebt und einen Besuch wert.

☐ Richtig ☐ Falsch

2. Gebaut wurde das Brandenburger Tor …

a. von König Friedrich Wilhelm II, und dabei hat er sich nach der Zollmauer als Motiv erkundigt.

b. von Carl Gotthard Langhans, und dabei hat er sich nach dem Stadttor von Athen als Motiv erkundigt.

c. von Carl Gotthard Langhans, und es war seine eigene Baukreation.

3. Die Quadriga befindet sich nicht auf dem Brandenburger Tor.

☐ Richtig ☐ Falsch

4. Die Quadriga wurde …

a. einmal von Napoleon nach Paris deportiert.

b. Napoleon zu seinem Triumph nach Paris geschenkt.

c. heruntergenommen, um sie vor Beschädigung zu schützen.

5. Das Brandenburger Tor trägt geschichtlich eine symbolische Bedeutung.

☐ Richtig ☐ Falsch

6. Heutzutage versammeln sich viele Menschen beim Brandenburger Tor, weil …

a. sie sich bemühen, es vom Sperrbereich zu befreien.

b. es zu einem bekannten Treffpunkt in Berlin geworden ist.

c. sie sich gegen Veranstaltungen im Freien äußern möchten.

지문을 분석하며 문제에 대한 답을 확인하고, 답이 되는 이유를 살펴봅시다.

Moderatorin : ① Das Brandenburger Tor am Pariser Platz in Berlin ist ein berühmtes und wichtiges Wahrzeichen Deutschlands. Demnach ist es ein Muss für jeden Berlin-Besucher. Welcher geschichtliche Hintergrund verbirgt sich dann hinter diesem ikonischen Tor? Herr Jan Wenz, Marketing Manager vom Stadtmarketing Berlin wird uns heute die spannende und interessante Geschichte Berlins vermitteln. Herr Wenz, erzählen Sie uns kurz von der Geschichte des Brandenburger Tors.

Herr Wenz : Gerne. Es wurde von König Friedrich Wilhelm II. in Auftrag gegeben, um einen würdevollen Abschluss des Pracht-Boulevards Unter den Linden zu haben. ② In seinem Auftrag hat Carl Gotthard Langhans das Tor entworfen, und dabei hat er sich am „Stadttor von Athen" orientiert. Gebaut wurde es in den Jahren 1788 bis 1791, und es ersetzte nach seiner Konstruktion die früheren Wachhäuser an der Zollmauer. Von den Maßen her ist es fast 30 Meter hoch und besteht aus zwölf dorischen Säulen, sechs auf jeder Seite. Ursprünglich durften Bürger nur die äußeren zwei der Durchgänge jeder Seite verwenden.

1. Das Brandenburger Tor ist unter Touristen beliebt und einen Besuch wert.

1. 브란덴부르크문은 관광객들에게 인기가 있으며 방문할 만한 가치가 있다. **정답: Richtig**

TIPP ein Muss für Besucher ≒ einen Besuch wert

2. Gebaut wurde das Brandenburger Tor ··· **정답: b**

a. von König Friedrich Wilhelm II, und dabei hat er sich nach der Zollmauer als Motiv erkundigt.
b. von Carl Gotthard Langhans, und dabei hat er sich nach dem Stadttor von Athen als Motiv erkundigt.
c. von Carl Gotthard Langhans, und es war seine eigene Baukreation.

2. 브란덴부르크문은 ···

a. 빌헬름 프리드리히 2세에 의해 건설되었고, 동시에 그는 세관 벽을 모티브로 삼았다.
b. 칼 곧하트 랑한스에 의해 건설되었고, 아테네의 성문을 모티브로 삼았다.
c. 칼 곧하트 랑한스에 의해 건설되었고, 자신의 창작물이었다.

TIPP 브란덴부르크문은 Friedrich Wilhelm II세에게 지시를 받아 Carl Gotthard Langhans가 아테네 성문을 참고하여 제작하였습니다.

Moderatorin : ③ Und die Statue oben drauf darf auch nicht übersehen werden! Dieser Statue kommt ebenfalls eine wichtige historische Bedeutung zu, oder?

Herr Wenz : Genau, die Statue nennt man „Quadriga". Die Quadriga wurde von Johann Gottfried Schadow im Jahr 1793 geschaffen. Man sieht Victoria, die römische Göttin des Sieges, in einem Wagen, der von vier Pferden gezogen wird. Die Quadriga wurde im Laufe der Zeit drei Mal vom Tor heruntergenommen. ④ Zuerst hatte sie Napoleon nach der Niederlage Preußens im Jahr 1806 nach Paris verschleppt. 10 Jahre später, nach seiner Niederlage, wurde sie wieder nach Berlin zurückgebracht. Während des Zweiten Weltkrieges wurden sowohl das Brandenburger Tor als auch die Quadriga schwer beschädigt, und sie musste deshalb durch eine Kopie ersetzt werden.

3. Die Quadriga befindet sich nicht auf dem Brandenburger Tor. **정답: Falsch**

3. 콰드리가는 브란덴부르크문 위에 있지 않습니다.

TIPP Quadriga는 브란덴부르크문 위에 있는 조각상입니다. 문제가 부정문이므로 헷갈리지 않도록 주의하세요.

---

4. Die Quadriga wurde … **정답: a**

a. einmal von Napoleon nach Paris deportiert.
b. Napoleon zu seinem Triumph nach Paris geschenkt.
c. heruntergenommen, um sie vor Beschädigung zu schützen.

4. 콰드리가는 …

a. 한때 나폴레옹에 의해 강제로 파리로 이송되었다.
b. 나폴레옹의 승리를 기념하여 파리에 선물로 보내졌다.
c. 손상으로부터 보호하기 위해 내려놓았다.

TIPP Napoleon hatte sie verschleppt ≒ Sie (Quadriga) wurde von Napoleon deportiert.

Moderatorin : Sehr spannend! Aber Vergangenheit ist Vergangenheit und ich komme zu einer abschließenden Frage: Welche Bedeutung hat das Brandenburger Tor in der jüngsten Geschichte?

Herr Wenz : ⑤ Das Brandenburger Tor fungiert seit langem als ein Symbol der Einheit. Der Grund hierfür ist folgender: Nach dem zweiten Weltkrieg wurde ums Tor die Mauer etwa so in einem Bogen gebaut, wodurch es sich im Sperrbereich befand und unzugänglich wurde. Im Jahr 1989 ist die Mauer gefallen, und zugleich erfolgte die

Öffnung des Tores unter dem Jubel von mehr als 100.000 Menschen. ⑥ Der Pariser Platz, auf dem das Brandenburger Tor steht, hat sich danach zum Großteil zu einer Fußgängerzone entwickelt und ist zu einem Sammelpunkt in Berlin geworden. Aktuell finden viele Veranstaltungen und Ereignisse wie das Silvesterfeuerwerk und Fußball-Public-Viewing statt, die viele Besucher anziehen.

5. Das Brandenburger Tor trägt geschichtlich eine symbolische Bedeutung.

5. 브란덴부르크문은 역사적으로 상징적인 의미를 가지고 있다. **정답: Richtig**

TIPP 브란덴부르크문은 오래전부터 통일의 상징으로서(Symbol der Einheit), 역사적(geschichtlich) 의미를 가지고 있습니다.

---

6. Heutzutage versammeln sich viele Menschen beim Brandenburger Tor, weil …

a. sie sich bemühen, es vom Sperrbereich zu befreien. **정답: b**
b. es zu einem bekannten Treffpunkt in Berlin geworden ist.
c. sie sich gegen Veranstaltungen im Freien äußern möchten.

6. 오늘날 많은 사람들이 브란덴부르크문 근처에 모이는 이유는 …

a. 문을 제한 구역에서 해제하려고 노력하기 위해
b. 베를린 내 유명한 만남의 장소가 되었기 때문에
c. 야외에서 열리는 행사에 반대 의견을 표출하기 위해

TIPP r. Sammelpunkt ≒ r. Treffpunkt
문항의 ‚beim Brandenburger Tor'은 구체적으로는 ‚Pariser Platz'를 지칭합니다.

mp3 파일을 듣고 빈칸에 알맞은 말을 쓰세요.

Moderatorin : Das Brandenburger Tor am Pariser Platz in Berlin ist ein berühmtes und wichtiges ____________ Deutschlands. ____________ ist es ein Muss für jeden Berlin-Besucher. Welcher geschichtliche Hintergrund ______ ______ dann ______ diesem ikonischen Tor? Herr Jan Wenz, Marketing Manager vom Stadtmarketing Berlin wird uns heute die spannende und interessante Geschichte Berlins ______. Herr Wenz, erzählen Sie uns kurz von der ____________ des Brandenburger Tors.

Herr Wenz : Gerne. Es wurde von König Friedrich Wilhelm II. in __________ gegeben, um einen __________ Abschluss des Pracht-Boulevards Unter den Linden zu haben. In seinem Auftrag hat Carl Gotthard Langhans das Tor __________, und dabei hat er _____ am „Stadttor von Athen" __________. Gebaut wurde es in den Jahren 1788 bis 1791, und es _________ nach seiner Konstruktion die früheren Wachhäuser an der Zollmauer. Von _____ _______ her ist es fast 30 Meter hoch und besteht aus zwölf dorischen Säulen, sechs auf jeder Seite. Ursprünglich durften Bürger nur die äußeren zwei der __________ jeder Seite verwenden.

Moderatorin : Und die _____ oben drauf darf auch nicht __________ werden! _____ Statue kommt ebenfalls eine wichtige historische Bedeutung _____, oder?

Herr Wenz : Genau, die Statue nennt man „Quadriga". Die Quadriga wurde von Johann Gottfried Schadow im Jahr 1793 __________. Man sieht Victoria, die römische Göttin des Sieges, in einem Wagen, der von vier Pferden gezogen wird. Die Quadriga wurde im Laufe der Zeit drei Mal vom Tor heruntergenommen. _____ hatte sie Napoleon nach der _______ Preußens im Jahr 1806 nach Paris __________. 10 Jahre später, nach seiner Niederlage, wurde sie wieder nach Berlin zurückgebracht. Während des Zweiten Weltkrieges wurden _____ das Brandenburger Tor _____ _______ die Quadriga schwer __________, und sie musste deshalb durch eine Kopie ersetzt werden.

Moderatorin : Sehr spannend! Aber Vergangenheit ist Vergangenheit und ich komme zu einer __________ Frage: Welche Bedeutung hat das Brandenburger Tor in der __________ Geschichte?

Herr Wenz : Das Brandenburger Tor __________ seit langem _____ ein Symbol der Einheit. Der Grund _________ ist folgender: Nach dem zweiten Weltkrieg wurde ums Tor die Mauer etwa so in einem Bogen gebaut, wodurch es sich im __________ befand und __________ wurde. Im Jahr 1989 ist die Mauer gefallen, und zugleich erfolgte die Öffnung des Tores unter dem Jubel von mehr als 100.000 Menschen. Der Pariser Platz, auf dem das Brandenburger Tor steht, hat sich danach zum __________ zu einer Fußgängerzone _____________ und ist zu einem _____________ in Berlin geworden. Aktuell finden viele Veranstaltungen und Ereignisse wie das Silvesterfeuerwerk und Fußball-Public-Viewing statt, die viele Besucher __________.

역사 / 전문가 인터뷰
샤보프스키의 메모와 베를린 장벽의 붕괴

오늘의 주제

Schabowskis Zettel – Der ungeplante Mauerfall

샤보프스키의 메모 – 계획되지 않은 장벽의 붕괴

독일 분단을 상징하는 베를린 장벽이 말실수로 인한 것임을 알고 있나요?

오늘은 그 말실수에 관한 내용을 듣고 문제를 풀어 보겠습니다.

Schritt 1

어휘 & 표현 체크

오늘의 중요 어휘 및 표현들을 알아봅시다.

- geistern (비유) 유령처럼 헤매다
- aus Versehen 실수로
- eskalieren 심화되다, 심화시키다
- unverzüglich 지체 없이, 즉시
- aus den Fugen geraten 혼란에 빠지다
- zustande kommen 이루어지다
- auflösen 해산하다, 풀어지다
- verkünden 알리다, 공포하다
- außer Kontrolle geraten 통제할 수 없게 되다

mp3 음성을 듣고, 정답을 체크해 보세요.

Sie hören ein Interview mit einer Person aus der Wissenschaft.

Sie hören den Text einmal. Wählen Sie bei jeder Aufgabe die richtige Lösung.

1. Der Online-Beitrag wurde völlig wahrheitsgemäß verfasst.

☐ Richtig ☐ Falsch

2. Laut der Doktorandin wurde die deutsche demokratische Republik (DDR) aufgelöst, weil …

a. ein Zeitungsbericht von einem Journalisten falsch übersetzt wurde.

b. ein Denk-Zettel für eine Pressemitteilung verloren ging.

c. ein Zettel von einem Sprecher bedenkenlos und fehlerhaft vorgelesen wurde.

3. Günter Schabowski erschien zur Pressekonferenz, um die neue Reisebestimmung vorzutragen.

☐ Richtig ☐ Falsch

4. Auf der Konferenz wurde bekanntgegeben, dass …

a. Auslandsreisen zu privaten Zwecken ohne Vorliegen von Voraussetzungen möglich sind.

b. bei der Auswanderung die erteilten Visa erlöschen.

c. Bürger, die ständig ins Ausland reisen, keine Genehmigungen vom Staat benötigen.

5. Ein irrtümliches Verhalten kann zu einem historischen Geschehen führen.

☐ Richtig ☐ Falsch

6. Die deutsche Wiedervereinigung geschah …

a. gleich nach dem Mauerfall in Berlin.

b. parallel zur Pressekonferenz von Günter Schabowski.

c. zeitverzögert nach dem Mauerfall in Berlin.

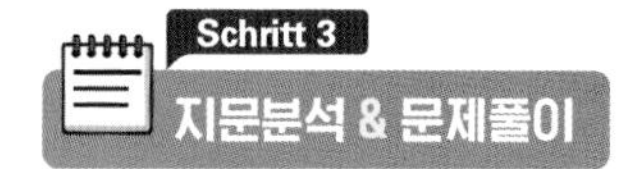

지문을 분석하며 문제에 대한 답을 확인하고, 답이 되는 이유를 살펴봅시다.

Moderator : Herzlich willkommen bei „Rund um die Politik – Radio". Heute begrüße ich Sie bei unserem Mittwochsprogramm „Faktencheck". Behauptet wird viel, aber was ist wahr? Aktuell geistert ein Artikel durchs Internet, dass die deutsche Wiedervereinigung aufgrund eines falsch übersetzten Berichts eines italienischen Journalisten im Jahr 1989 unerwartet zustande kam. Aber sagt uns dieser Online-Artikel überhaupt die Wahrheit? Ich begrüße hier im Studio Frau Dr. Caroline Wagner, Leiterin des Instituts für Zeitgeschichte. Guten Tag, Frau Wagner, könnten Sie bitte erläutern, ob der Inhalt dieses Online-Artikels der Wahrheit entspricht?

Frau Dr. Wagner : Guten Tag, Herr Schmitz. ① Dieser Online-Artikel entspricht nur zum Teil der Wahrheit. Es stimmt zwar, dass die Deutsche Demokratische Republik (kurz DDR) damals mit einem Bericht beginnend aus Versehen aufgelöst wurde, ② aber dies geschah nicht aufgrund eines falsch übersetzten internationalen Berichtes eines italienischen Journalisten, sondern aufgrund eines Zettels von Günter Schabowski, Mitglied und Sprecher des Politbüros des Zentralkomitees des SED, den er am 9. November 1989 falsch vorgetragen hat.

1. Der Online-Betrag wurde völlig wahrheitsgemäß verfasst. **정답: Falsch**

1. 온라인 기사는 완전히 사실에 기반하여 작성되었다.

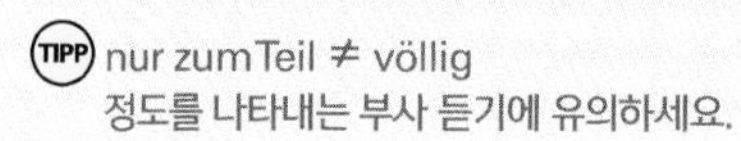
TIPP nur zum Teil ≠ völlig
정도를 나타내는 부사 듣기에 유의하세요.

2. Laut der Doktorandin wurde die deutsche demokratische Republik (DDR) aufgelöst, weil … **정답: c**

a. ein Zeitungsbericht von einem Journalisten falsch übersetzt wurde.
b. ein Denk-Zettel für eine Pressemitteilung verloren ging.
c. ein Zettel von einem Sprecher bedenkenlos und fehlerhaft vorgelesen wurde.

2. 여자 박사에 따르면 독일 민주공화국(동독)이 해산된 이유는 …

a. 기자가 신문 기사를 잘못 번역했기 때문이다.
b. 보도 자료에 대한 생각을 적어 둔 쪽지가 분실되었기 때문이다.
c. 대변인이 주저없이 쪽지를 잘못 읽었기 때문이다.

TIPP falsch vortragen ≒ bedenkenlos und fehlerhaft vorlesen

Moderator : Dann beschäftigen wir uns mal mit Schabowskis Zettel. Wie ist er überhaupt entstanden und welche Informationen standen darauf?

Frau Dr. Wagner : Zuerst erkläre ich kurz die damalige politische Lage in der DDR: Das DDR-Staatsregime stand bereits Ende der 80er Jahre kurz vor seinem Kollaps. Im Herbst 1989 eskalierte die Lage im Polizeistaat DDR mit Montagsdemos und Krawallen. Somit war vielen klar, dass das Regime kurz vor Ende stand. ③ Am Abend des 9. November 1989 trat Günter Schabowski als Sprecher auf der legendären Pressekonferenz auf, die parallel auch live im DDR-Fernsehen übertragen wurde, um die neue Reiseregelung des Ministerrats zu verkünden. Sie war von hohen Offizieren des Innenministeriums und der Staatssicherheit erarbeitet worden. Entgegen den Vorgaben der politischen Führung hatten die Verfasser unautorisiert die Möglichkeit einer unbürokratischen Aus- und Wiedereinreise in das Papier geschrieben. ④ Günter Schabowski bekam den Zettel für die Pressekonferenz persönlich in die Hand gedrückt, nahm ihn unbesehen zu seinen Unterlagen und las anschließend vor, dass künftig Privatreisen ins Ausland ohne Vorliegen von Voraussetzungen beantragt werden könnten und die Genehmigungen kurzfristig erteilt würden. Auch Visa zur ständigen Ausreise wären unverzüglich zu erteilen.

3. Günter Schabowski erschien zur Pressekonferenz, um die neue Reisebestimmung vorzutragen. **정답: Richtig**

3. 귄터 샤보프스키는 새로운 여행 규정을 발표하기 위해 기자 회견에 참석했다.

 e. Reiseregelung ≒ e. Reisebestimmung / verkünden ≒ vortragen

---

4. Auf der Konferenz wurde bekanntgegeben, dass … **정답: a**

a. Auslandsreisen zu privaten Zwecken ohne Vorliegen von Voraussetzungen möglich sind.
b. bei der Auswanderung die erteilten Visa erlöschen.
c. Bürger, die ständig ins Ausland reisen, keine Genehmigungen vom Staat benötigen.

4. 기자 회견에서 … 이 발표되었다.

a. 전제 조건의 제시 없이 개인 목적으로 해외 여행이 가능하다는 것
b. 이민을 갈 경우, 발급되었던 비자가 효력을 상실한다는 것
c. 지속적으로 해외를 여행하는 국민은 국가의 허가가 필요 없다는 것

TIPP 낭독한(vorlesen) 내용은 곧 발표한(bekanntgegeben) 내용입니다.
Privatreisen ins Ausland ≒ Auslandsreisen zu privaten Zwecken

Moderator : Sie meinten vorhin, dass die DDR sozusagen wegen eines Missverständnisses aufgelöst worden sei. Inwiefern hängt der Notizzettel mit einem Versehen bzw. Missverständnis zusammen?

Frau Dr. Wagner : Schabowski selbst war ja nicht bei der Erarbeitung dieser Regelung involviert, und auf Nachfrage bezüglich des Datums des Inkrafttretens verkündete er: „Das tritt nach meiner Kenntnis – ist das sofort, unverzüglich…". Ursprünglich war die Bekanntgabe der neuen Reiseregelung allerdings erst für den nächsten Tag geplant gewesen, und der Zettel, von dem Schabowski vorlas, beinhaltete laut Überschrift lediglich eine „Veränderung der Situation der ständigen Ausreise von DDR-Bürgern nach der BRD über die CSSR." – Der Zettel geriet also außer Kontrolle, indem Schabowski ihn nicht richtig las, und veränderte die Welt.

Moderator : ⑤ Hat diese Presseverkündung zu einer politischen Bewegung in der Bevölkerung oder einem historischen Ereignis geführt?

Frau Dr. Wagner : Ja, das hat sie. Wie bereits erwähnt, stand das Staatsregime zu diesem Zeitpunkt kurz vor dem Zusammenbruch, und daher dachten viele, die Mauer sei schon gefallen und machten sich auf zur Grenze, das heißt, Menschen sind gleich an die Grenzübergänge gestürmt.

5. Ein irrtümliches Verhalten kann zu einem historischen Geschehen führen.

5. 잘못된 행동은 역사적 사건으로 이어질 수 있다. **정답: Richtig**

TIPP 문항에서 말하는 잘못된 행동은 „Presseverkündung (언론 공포)"로 샤보프스키가 생각없이 말한 행동을 의미합니다.

Es herrschten dort Improvisation und Spontanität statt Kontrolle und Gehorsam. Infolgedessen mussten die Grenztruppen schon bald dem Druck der Massen nachgeben, da die Ordnung des Staates aus den Fugen geriet, und die Schlagbäume öffnen. ⑥ Das bedeutete jedoch nicht, dass die Wiedervereinigung am gleichen Tag wie die Pressekonferenz geschehen ist, sondern dass das ganze historische Geschehen im Endeffekt ein Jahr später zur deutschen Wiedervereinigung geführt hat, nachdem viele politische Folgeaktivitäten zwischen West- und Ostdeutschland stattgefunden haben.

Zusammenfassend lässt sich sagen, dass ein historischer Irrtum eines Menschen die Mauer zum Einsturz gebracht hat.

6. Die deutsche Wiedervereinigung geschah … **정답: c**

a. gleich nach dem Mauerfall in Berlin.
b. parallel zur Pressekonferenz von Günter Schabowski.
c. zeitverzögert nach dem Mauerfall in Berlin.

6. 독일 통일은 … 일어났다.

a. 베를린 장벽이 붕괴된 직후에
b. 귄터 샤보프스키의 기자 회견과 동시에
c. 베를린 장벽이 붕괴되고 시간이 지연된 후에

TIPP 독일 통일은 베를린 장벽 붕괴 1년 후(ein Jahr später)에 된 것이므로 c 문항의 '시간이 지연된 후 (zeitverzögert)'가 정답입니다.

Moderator : Herzlichen Dank, Frau Doktor Wagner, für dieses interessante Gespräch.

Frau Dr. Wagner : Gerne.

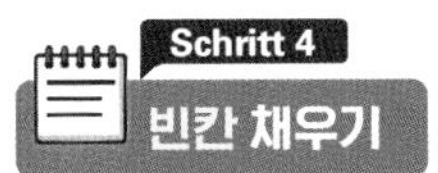

mp3 파일을 듣고 빈칸에 알맞은 말을 쓰세요.

Moderator : Herzlich willkommen bei „__________ ________ die Politik – Radio". Heute begrüße ich Sie bei unserem Mittwochsprogramm „Faktencheck". Behauptet wird viel, aber was ist wahr? Aktuell __________ ein Artikel durchs Internet, dass die deutsche Wiedervereinigung aufgrund eines falsch übersetzten Berichts eines italienischen Journalisten im Jahr 1989 unerwartet __________ ________. Aber sagt uns dieser Online-Artikel überhaupt die Wahrheit? Ich begrüße hier im Studio Frau Dr. Caroline Wagner, Leiterin des Instituts für Zeitgeschichte. Guten Tag, Frau Wagner, könnten Sie bitte __________, ob der Inhalt dieses Online-Artikels _____ Wahrheit __________?

Frau Dr. Wagner : Guten Tag, Herr Schmitz. Dieser Online-Artikel entspricht nur __________ __________ der Wahrheit. Es stimmt __________, dass die Deutsche

Demokratische Republik (kurz DDR) damals mit einem Bericht beginnend aus Versehen __________ wurde, __________ dies geschah nicht aufgrund eines falsch übersetzten internationalen Berichtes eines italienischen Journalisten, __________ aufgrund eines Zettels von Günter Schabowski, Mitglied und Sprecher des Politbüros des Zentralkomitees des SED, den er am 9. November 1989 falsch __________ hat.

Moderator : Dann __________ wir uns mal mit Schabowskis Zettel. Wie ist er überhaupt __________ und welche Informationen standen darauf?

Frau Dr. Wagner : Zuerst erkläre ich kurz die damalige politische Lage in der DDR: Das DDR-__________ stand bereits Ende der 80er Jahre kurz vor seinem __________. Im Herbst 1989 __________ die Lage im Polizeistaat DDR mit Montagsdemos und __________. Somit war vielen klar, dass das __________ kurz vor Ende stand. Am Abend des 9. November 1989 trat Günter Schabowski als Sprecher auf der __________ Pressekonferenz auf, die parallel auch live im DDR-Fernsehen __________ wurde, um die neue __________ des Ministerrats zu __________. Sie war von hohen Offizieren des Innenministeriums und der Staatssicherheit __________ worden. Entgegen den __________ der politischen Führung hatten die Verfasser __________ die Möglichkeit einer __________ Aus- und Wiedereinreise in das Papier geschrieben. Günter Schabowski bekam den Zettel für die Pressekonferenz persönlich in die Hand __________, nahm ihn __________ zu seinen Unterlagen und las anschließend vor, dass künftig Privatreisen ins Ausland ohne Vorliegen von __________ beantragt werden könnten und die Genehmigungen kurzfristig __________ würden. Auch Visa zur ständigen Ausreise wären __________ zu erteilen.

Moderator : Sie meinten vorhin, dass die DDR sozusagen wegen eines Missverständnisses aufgelöst worden sei. __________ hängt der Notizzettel mit einem Versehen bzw. Missverständnis zusammen?

Frau Dr. Wagner : Schabowski selbst war ja nicht bei der Erarbeitung dieser Regelung __________, und auf Nachfrage bezüglich des Datums des __________ verkündete er: *„Das tritt nach meiner __________ – ist das sofort, unverzüglich...".*

Ursprünglich war die __________ der neuen Reiseregelung allerdings erst für den nächsten Tag geplant gewesen, und der __________, von dem Schabowski vorlas, beinhaltete laut __________ __________ eine *„Veränderung der Situation der ständigen Ausreise von DDR-Bürgern nach der BRD über die CSSR."* – Der Zettel __________ also außer Kontrolle, indem Schabowski ihn nicht richtig las, und veränderte die Welt.

Moderator : Hat diese ____________________ zu einer politischen Bewegung in der Bevölkerung oder einem historischen __________ geführt?

Frau Dr. Wagner : Ja, das hat sie. Wie bereits erwähnt, stand das Staatsregime zu diesem Zeitpunkt kurz vor dem __________, und daher dachten viele, die Mauer _______ schon gefallen und machten sich auf zur Grenze, das heißt, Menschen sind gleich an die Grenzübergänge _______. Es herrschten dort ____________ und Spontanität statt Kontrolle und Gehorsam. Infolgedessen mussten die Grenztruppen schon bald ______ Druck der Massen __________, da die Ordnung des Staates aus den __________ _______, und die Schlagbäume öffnen. Das bedeutete jedoch _____, dass die Wiedervereinigung am gleichen Tag wie die Pressekonferenz geschehen ist, sondern dass das ganze historische Geschehen im __________ ein Jahr später zur deutschen ____________________ geführt hat, nachdem viele politische Folgeaktivitäten zwischen West- und Ostdeutschland stattgefunden haben. ____________________ lässt sich sagen, dass ein historischer __________ eines Menschen die Mauer zum ____________________ gebracht hat.

Moderator : Herzlichen Dank, Frau Doktor Wagner, für dieses interessante Gespräch.

Frau Dr. Wagner : Gerne.

Lektion 4

사회, 인문 / 강의
셰익스피어는 실제로 존재했을까?

오늘의 주제

William Shakespeare: Hat er wirklich existiert?
셰익스피어는 실제로 존재했을까?

희대의 극작가 셰익스피어의 작품은 누구나 한 번쯤 읽어 봤을 것입니다. 그런데 그가 실존 인물이 아니라는 주장이 있는데요, 오늘은 셰익스피어에 대한 문제를 풀어 보겠습니다.

Schritt 1
어휘 & 표현 체크

오늘의 중요 어휘 및 표현들을 알아봅시다.

- ankündigen — 통지하다, 미리 알리다
- merkwürdig — 주의할 만한, 기묘한
- e. Verschwörungstheorie — 음모론
- unter Verdacht stehen — 의심받다
- e. Rezension — 비평, 비판, 평론
- r. Schwachsinn — 넌센스
- e. Spekulation — 사색, 공론
- ums Leben gekommen — 사망하다

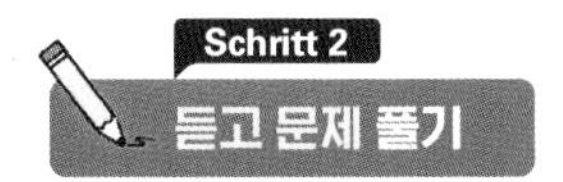

mp3 음성을 듣고, 정답을 체크해 보세요.

Sie hören einen Vortrag über den englischen Dramatiker William Shakespeare. Sie hören den Text einmal. Wählen Sie bei jeder Aufgabe die richtige Lösung.

1. Die Gerüchte über William Shakespeare lauten, dass …

a. er zu früh ums Leben gekommen ist.

b. er in Wirklichkeit nie existiert hat.

c. seine Werke unter Plagiatsverdacht stehen.

2. William Shakespeare hat in seinem Leben weniger als 150 Sonette und 35 Dramen verfasst.

☐ Richtig ☐ Falsch

3. Vertreter von Verschwörungstheorien über Shakespeare sind der Meinung, dass …

a. mehrere Verfasser zusammen an seinen Werken gearbeitet haben.

b. er zu seiner Zeit ein Ghostwriter für eine andere Person war.

c. seine Pseudoromane auf seiner eigenen Geschichten beruhen.

4. William Shakespeare hat keinerlei Lebenszeichen hinterlassen.

☐ Richtig ☐ Falsch

5. In Dokumenten wurde sein Name oft unterschiedlich eingetragen, weil …

a. es damals keine Schriftsprache in England gab.

b. es damals keine richtige Schreibweise gab.

c. er tatsächlich mehrere Namen hatte.

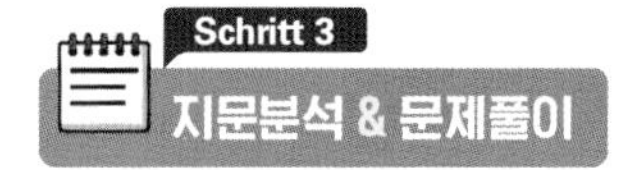

지문을 분석하며 문제에 대한 답을 확인하고, 답이 되는 이유를 살펴봅시다.

Referent : Liebe Leute in unserem Literaturkreis, schön, dass dieses regelmäßige Treffen wieder gut geklappt hat! Wie unser Organisator bereits letzte Woche per E-Mail angekündigt hat, geht es diese Woche um den englischen Dramatiker William Shakespeare – sein Leben und seine Werke. Ich hoffe, dass wir unsere Rezensionen produktiv und erfolgreich austauschen können. Bevor wir mit dem richtigen Programm dieser Woche beginnen, habe ich mir eine lustige, vielleicht auch merkwürdige Frage zum Einstieg ins Thema überlegt, und zwar: Habt ihr euch schon mal die Frage gestellt, ob William Shakespeare wirklich gelebt hat? Aha, jetzt sehe ich viele fragende Gesichter, so ungefähr: Warum erzählt der da vorne so einen Schwachsinn? Ich persönlich habe nie daran gezweifelt, dass er tatsächlich existiert hat. ① Aber es existieren viele Theorien – ich halte sie für Verschwörungstheorien –, die besagen, dass der Dramatiker William Shakespeare nie existiert hätte, und die Begründungen sind : erstens ② kann keiner in seinem ganzen Leben mehr als 150 Sonette und 35 Dramen verfassen und das mit annährend 30.000 Wörtern und nebenbei noch verschiedene Berufe wie Metzger ausüben und überall auf der Welt gewesen sein.

1. Die Gerüchte über William Shakespeare lauten, dass ··· **정답: b**

a. er zu früh ums Leben gekommen ist.
b. er in Wirklichkeit nie existiert hat.
c. seine Werke unter Plagiatsverdacht stehen.

1. 윌리엄 셰익스피어에 대한 소문은 ···

a. 그가 너무 빨리 생을 마감했다는 것이다.
b. 그가 실제로 존재하지 않았다는 것이다.
c. 그의 작품이 표절 혐의가 있다는 것이다.

TIPP 많은 소문들의 내용은(e. Gerüchte ≒ e. Theorien) 셰익스피어가 실제로 존재하지 않았다는 것입니다.

2. William Shakespeare hat in seinem Leben weniger als 150 Sonette und 35 Dramen verfasst. **정답: Falsch**

2. 윌리엄 셰익스피어는 평생 150편 미만의 소네트와 35개 미만의 극을 집필했다.

TIPP 음모론 옹호자들이 150개 이상의 소네트와 35개 이상의 드라마를 모두 쓸 수 있는 사람은 없다고 지적한다는 것은 즉, 셰익스피어가 그 이상의 소네트와 드라마를 썼기 때문이죠.

③ In diesem Zusammenhang glauben viele Leute ebenfalls, dass mehrere Autoren unter dem Pseudonym, also Künstlernamen „William Shakespeare" geschrieben haben.

3. Vertreter von Verschwörungstheorien über Shakespeare sind der Meinung, dass … **정답: a**

a. mehrere Verfasser zusammen an seinen Werken gearbeitet haben.
b. er zu seiner Zeit ein Ghostwriter für eine andere Person war.
c. seine Pseudoromane auf seiner eigenen Geschichten beruhen.

3. 셰익스피어에 대한 음모론 옹호자들은 … 믿는다.

a. 여러 작가가 그의 작품을 함께 작업했다고
b. 그가 당시 다른 사람의 유령 작가였다고
c. 그의 허위 소설은 자신의 이야기를 기반으로 한다고

TIPP (pl.) Autoren ≒ (pl.) Verfasser / geschrieben ≒ an Werken gearbeitet

William Shakespeare könnte also dann jemand anderes gewesen sein. Zweitens hat Shakespeare selbst keinerlei Aufzeichnungen über sein Leben hinterlassen, also kein Tagebuch, keine Briefe, noch nicht einmal der kleinste Auszug seiner Werke blieb im Original erhalten. Nicht mal sein genaues Geburtsdatum ist bekannt und das Einzige, was wir zu wissen glauben ist, dass er als Sohn eines Handschuhmachers in dem englischen Städtchen Stratford-upon-Avon geboren worden ist und dort wahrscheinlich eine Lateinschule besucht hat. Aber sicher ist das nicht. Von daher lässt alles viel Raum für Spekulationen und Gerüchte.

Meiner Meinung nach hat Shakespeare wirklich existiert. Dass er wirklich alle seine Werke selbst verfasst hat, kann man schlecht beweisen, da niemand in seine Zeit zurückreisen kann.

Man kann allerdings anführen, dass viele Forschungen davon ausgehen, dass er seine Werke selbst geschrieben hat. Nicht jeder kann sich das vorstellen, aber es gibt ja tatsächlich Genies, die zehntausende von Wörtern kennen, und das bezeichnet man als außergewöhnliche Fähigkeit, für die man nicht unbedingt extrem gebildet sein muss. ④ Des Weiteren gibt es doch ein paar Lebensspuren, die von ihm erhalten geblieben sind: ein Taufeintrag im Kirchenregister in seinem Geburtsort, eine Heiratsurkunde mit Anne Hathaway, ein Schreiben, dass er im Jahr 1597 ein Haus erworben hat und sein Testament, in dem er seine Tochter Susanna als Universalerbin einsetzt. Dennoch sind die Namen jeweils unterschiedlich geschrieben, und die verbleibende Frage wäre vielleicht, ob es sich bei den ganzen Quellen mit Namen tatsächlich um denselben Mann oder um verschiedene Personen mit ähnlichem oder gleichem Namen handelt. Ich bin aber der Meinung, dass es sich hierbei um dieselbe Person handelt, und dass die Tatsache, ⑤ dass die Namen in historischen Dokumenten immer unterschiedlich zu finden sind, daran liegt, dass es damals keine festen Regeln gab, was die richtige Schreibweise anbelangt.

Und nun? Was haltet ihr davon? Hat William Shakespeare tatsächlich gelebt? Vielen Dank für eure Aufmerksamkeit und viel Spaß beim Diskutieren im Kreis!

4. William Shakespeare hat keinerlei Lebenszeichen hinterlassen. **정답: Falsch**

4. 윌리엄 셰익스피어는 인생의 흔적을 남기지 않았다.

TIPP Lebensspuren ≒ Lebenszeichen
지문에서는 약간의 흔적(ein paar)이 있다고 하였으나, 문제에서는 전혀 없다고(keinerlei) 하였으므로 답은 Falsch가 됩니다.

5. In Dokumenten wurde sein Name oft unterschiedlich eingetragen, weil ··· **정답: b**

a. es damals keine Schriftsprache in England gab.
b. es damals keine richtige Schreibweise gab.
c. er tatsächlich mehrere Namen hatte.

5. 그의 이름은 종종 문서에 다르게 입력되었는데, 그 이유는 ···

a. 그 당시 영국에 문어(文語)가 없었기 때문이다.
b. 그 당시 정확한 철자법이 없었기 때문이다.
c. 그가 실제로 여러 이름을 가지고 있었기 때문이다.

TIPP 문서에서 이름이 달리 표기되었던 이유는 그 당시 정확한 철자법(richtige Schreibweise ≒ feste Regeln) 없었기 때문이라고 지문과 선택지에 모두 직접적으로 제시되었습니다.

mp3 파일을 듣고 빈칸에 알맞은 말을 쓰세요.

Referent : Liebe Leute in unserem __________, schön, dass dieses __________ Treffen wieder gut geklappt hat! Wie unser Organisator bereits letzte Woche per E-Mail __________________ hat, geht es diese Woche um den englischen Dramatiker William Shakespeare – sein Leben und seine Werke. Ich hoffe, dass wir unsere __________ produktiv und erfolgreich austauschen können. Bevor wir mit dem richtigen Programm dieser Woche beginnen, habe ich mir eine lustige, vielleicht auch ____________ Frage zum Einstieg ins Thema __________, und zwar: Habt ihr euch schon mal die Frage gestellt, ob William Shakespeare wirklich gelebt hat? Aha, jetzt sehe ich viele fragende __________, so ungefähr: Warum erzählt der da vorne so einen _____________? Ich persönlich habe nie daran __________, dass er tatsächlich existiert hat. Aber es __________ viele Theorien – ich halte sie für ____________________–, die __________, dass der Dramatiker William Shakespeare nie existiert hätte, und die Begründungen sind : erstens kann keiner in seinem ganzen Leben mehr als 150 Sonette und 35 Dramen verfassen und das mit __________ 30.000 Wörtern und nebenbei noch verschiedene Berufe wie Metzger ausüben und überall auf der Welt gewesen sein. In diesem Zusammenhang glauben viele Leute ebenfalls, dass mehrere Autoren unter dem __________, also Künstlernamen „William Shakespeare" geschrieben haben. William Shakespeare könnte also dann jemand anderes gewesen sein. Zweitens hat Shakespeare selbst __________ ____________________ über sein Leben hinterlassen, also kein Tagebuch, keine Briefe, noch nicht einmal der kleinste __________ seiner Werke blieb im __________ erhalten.

Nicht mal sein genaues Geburtsdatum ist bekannt und das Einzige, was wir zu wissen __________ ist, dass er als Sohn eines Handschuhmachers in dem englischen Städtchen Stratford-upon-Avon geboren worden ist und dort wahrscheinlich eine Lateinschule besucht hat. Aber sicher ist das nicht. Von daher __________ alles viel Raum für __________ und __________. Meiner Meinung nach hat Shakespeare wirklich existiert. Dass er wirklich alle seine Werke selbst verfasst hat, kann man schlecht ________, da niemand in seine Zeit zurückreisen kann.

Man kann allerdings ________, dass viele Forschungen davon ausgehen, dass er seine ________ selbst geschrieben hat. Nicht jeder kann sich das vorstellen, aber es gibt ja tatsächlich ________, die zehntausende von Wörtern kennen, und das bezeichnet man als ________ Fähigkeit, für die man nicht unbedingt extrem gebildet sein muss. Des Weiteren gibt es doch ein paar ________, die von ihm erhalten geblieben sind: ein Taufeintrag im Kirchenregister in seinem Geburtsort, eine ________ mit Anne Hathaway, ein Schreiben, dass er im Jahr 1597 ein Haus erworben hat und sein ________, in dem er seine Tochter Susanna als Universalerbin einsetzt. Dennoch sind die Namen jeweils unterschiedlich geschrieben, und die verbleibende Frage wäre vielleicht, ob es sich bei den ganzen Quellen mit Namen tatsächlich um ________ Mann oder um verschiedene Personen mit ________ oder gleichem Namen handelt. Ich bin aber der Meinung, dass es sich ________ um dieselbe Person handelt, und dass die Tatsache, dass die Namen in historischen Dokumenten immer unterschiedlich zu finden sind, daran liegt, dass es damals ________ festen ________ gab, was die richtige Schreibweise ________.

Und nun? Was haltet ihr davon? Hat William Shakespeare tatsächlich gelebt? Vielen Dank für eure ________ und viel Spaß beim Diskutieren im Kreis!

Lektion 5

사회, 인문 / 전문가 인터뷰
자녀 수당에 관한 유용한 정보

오늘의 주제

Wissenswertes rund ums Kindergeld

자녀 수당에 관한 유용한 정보

독일은 복지 국가입니다.

오늘은 자녀 수당에 대해 전문가 인터뷰를 듣고 문제를 풀어 보겠습니다.

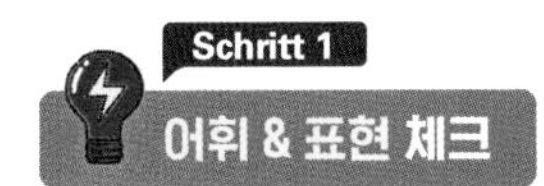

어휘 & 표현 체크

오늘의 중요 어휘 및 표현들을 알아봅시다.

- e. Existenz 생존
- e. Sozialleistung 사회복지 보조금
- e. Gewährleistung 보증, 보장
- Einspruch einlegen 이의신청권을 행사하다
- r. Lebensunterhalt 생계, 생활비
- jdm. et. zustehen ~의 권한에 속하다
- in Anspruch nehmen 요구하다

mp3 음성을 듣고, 정답을 체크해 보세요.

Sie hören ein Interview mit einer Person im öffentlichen Dienst.

Sie hören den Text einmal. Wählen Sie bei jeder Aufgabe die richtige Lösung.

1. Viele von Migranten in Deutschland fragen sich häufig selbst, ob …

a. ihr Lebensunterhalt gesichert werden kann.

b. sie sich hohe Lebenshaltungskosten leisten können.

c. die Sozialleistungen für Migranten zukünftig gestrichen werden könnten.

2. Deutschland ist ein Sozial- und Wohlfahrtsstaat.

☐ Richtig ☐ Falsch

3. Unter einem Sozial- und Wohlfahrtsstaat versteht man einen Staat, der …

a. Bürgern Sozialleistungsbeiträge uneingeschränkt auszahlt.

b. Bürgern die Absicherung sozialer Risiken garantiert.

c. die grundlegenden Menschenrechte nicht garantiert.

4. Kinder unter 18 Jahren sind berechtigt, Kindergeld zu beantragen.

☐ Richtig ☐ Falsch

5. Kindergeld kann unter Umständen ebenfalls beantragt werden, wenn …

a. die Kinder keine eigenen Kinder sind und in Österreich wohnen.

b. die Kinder keine eigenen Kinder sind und in den USA wohnen.

c. die Kinder alter als 18 sind.

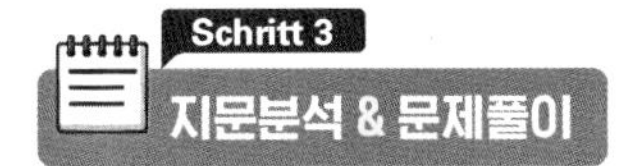

지문을 분석하며 문제에 대한 답을 확인하고, 답이 되는 이유를 살펴봅시다.

Interviewerin : Guten Tag Herr Wenzel. Ich heiße Johanna Frank und bin Beraterin bei der bundesweiten Migrantenorganisation „Buntes Deutschland". ① Viele von unseren Kunden sorgen sich um ihre Existenz in Deutschland. Falls sie auch Kinder hierher mitgebracht haben, sind die Sorgen noch größer, denn sie befürchten, dass ihr Lebensunterhalt nicht ausreichend für die Erziehung der Kinder sein könnte. Im Namen unserer Organisation „Buntes Deutschland" möchte ich Ihnen heute im Interview Fragen dazu stellen, ob Sozialleistungen auch Ein- oder Zuwanderern in Deutschland zustehen.

Herr Wenzel : Wir heißen Sie im Haus der Bundesagentur für Arbeit willkommen. Wenn es um die Frage geht, wer für die Absicherung sozialer Risiken verantwortlich ist, ist sich eine große Mehrheit der Bevölkerung einig: der Staat. ② Deutschland ist ein Sozial- und Wohlfahrtsstaat, in dem die Verantwortung für die Gewährleistung grundlegender Menschenrechte beim Staat liegt.

1. Viele von Migranten in Deutschland fragen sich häufig selbst, ob … **정답: a**

a. ihr Lebensunterhalt gesichert werden kann.
b. sie sich hohe Lebenshaltungskosten leisten können.
c. die Sozialleistungen für Migranten zukünftig gestrichen werden könnten.

1. 독일의 많은 이민자들은 종종 스스로에게 … 를 질문한다.

a. 그들의 생계를 보장받을 수 있을지
b. 그들의 높은 생활비를 감당할 수 있을지
c. 이주민에 대한 사회적 혜택이 향후 취소될 수 있을지

TIPP 이민자들의 생활비가 충분하지 않다(Lebensunterhalt nicht ausreichend sein)는 곧, 독일에서 생계를 보장받을 수 있을지(Lebensunterhalt gesichert werden)에 대한 확신이 없다는 의미입니다.

2. Deutschland ist ein Sozial- und Wohlfahrtstaat. **정답: Richtig**

2. 독일은 사회 복지 국가이다.

TIPP 지문과 문제가 정확히 일치합니다.

③ Er ist zur Daseinsvorsorge für seine Einwohner verpflichtet, und er hat bei der grundsätzlichen Ausgestaltung der Sozialversicherungen Vorrang vor der individuellen Eigenvorsorge. Deshalb können Ein- und Zuwanderer in Deutschland selbstverständlich einen Antrag auf sämtliche Sozialleistungen wie z.B. Kindergeld stellen.

Interviewerin : Dürfte ich Sie um eine Erklärung bitten, wann und wo Kindergeld beantragt werden kann, und wie lange und in welcher Höhe es ausgezahlt wird?

Herr Wenzel : ④ Kindergeld kann beantragt werden, wenn folgende Voraussetzungen erfüllt sind: das Kind ist unter 18 Jahren, Sie versorgen es regelmäßig und es lebt in Ihrem Haushalt, wobei Sie Kindergeld nicht nur für eigene Kinder erhalten.

3. Unter einem Sozial- und Wohlfahrtsstaat versteht man einen Staat, der …

a. Bürgern Sozialleistungsbeiträge uneingeschränkt auszahlt. **정답: b**

b. Bürgern die Absicherung sozialer Risiken garantiert.

c. die grundlegenden Menschenrechte nicht garantiert.

3. 사회 복지 국가는 … 국가를 의미한다.

a. 시민에게 제한 없이 사회 복지 보조금을 지불하는

b. 시민들에게 사회적 위험의 안전장치를 보장하는

c. 기본적인 인권을 보장하지 않는

TIPP 지문의 '개인 스스로의 보장보다 국가의 보장이 앞선다'는 내용은 곧 국가가 사회적 위험에 대한 안전장치를 마련하여, 스스로를 보장해야 하는 부담을 감소시킨다는 의미입니다.

4. Kinder unter 18 Jahren sind berechtigt, Kindergeld zu beantragen. **정답: Richtig**

4. 18세 미만의 자녀들은 자녀 수당을 신청할 권리가 있다.

TIPP 자녀 수당의 네 가지 조건 중 첫 번째 조건입니다.

⑤ Das bedeutet, es kann auch für Stiefkinder, Enkelkinder und Pflegekinder beantragt werden. Weiterhin muss sich Ihr Wohnort in Deutschland, einem anderen Land der Europäischen Union oder der Schweiz befinden. Da die Bearbeitungsdauer bis zu sechs Wochen in Anspruch nehmen kann, empfehlen wir, den Kindergeldbeitrag schnellstmöglich, am besten direkt nach der Geburt Ihres Kindes bei der zuständigen Familienkasse einzureichen. Nach dem aktuellen Stand erhalten Sie für jedes Kind mindestens 219 Euro im Monat und es wird mindestens bis zur Vollendung des 18. Lebensjahres gezahlt. Haben Sie mehrere Kinder, bestimmt deren Anzahl die Höhe des Kindergeldes, das Sie insgesamt erhalten: Für das 1. und 2. Kind 219 Euro pro Kind, für das 3. Kind 225 Euro und ab dem 4. Kind 250 Euro pro Kind. In bestimmten Fällen kann Kindergeld ab 18 Jahren beantragt werden. Ausführliche Informationen zum Kindergeld erhalten Sie auf unserer Website www.arbeitsagentur.de. Aber beachten Sie bitte, dass nicht alle Anträge an uns bewilligt werden können, sondern man von uns manchmal auch einen Ablehnungsbescheid erhalten kann. In einem solchen Fall ist jeder Antragstellende berechtigt, einen Ein- oder Widerspruch gegen einen bereits mitgeteilten Bescheid einzulegen.

5. Kindergeld kann unter Umständen ebenfalls beantragt werden, wenn …

a. die Kinder keine eigenen Kinder sind und in Österreich wohnen. **정답: a**

b. die Kinder keine eigenen Kinder sind und in den USA wohnen.

c. die Kinder älter als 18 sind.

5. 자녀 수당은 경우에 따라 마찬가지로 신청될 수 있다.

a. 자녀가 본인의 자녀가 아니며, 오스트리아에 거주할 경우
b. 자녀가 본인의 자녀가 아니며, 미국에 거주할 경우
c. 자녀가 18세 이상일 경우

TIPP 자녀 수당의 거주지 조건에 대한 내용입니다. 자녀 수당은 독일, 유럽 연합 가입 국가 또는 스위스에 거주하는 경우 지급이 되며, 오스트리아는 유럽 연합 국가 중 하나입니다.

Interviewerin : Vielen Dank für die ausführlichen Informationen zu diesem Thema, und ich hoffe, dass unsere Organisationsmitglieder diese wertvollen Informationen für ihre Zukunft in Deutschland verwenden können.

mp3 파일을 듣고 빈칸에 알맞은 말을 쓰세요.

Interviewerin : Guten Tag Herr Wenzel. Ich heiße Johanna Frank und bin Beraterin bei der ________ Migrantenorganisation „Buntes Deutschland". Viele von unseren Kunden sorgen sich um ihre ________ in Deutschland. Falls sie auch Kinder hierher mitgebracht haben, sind die ________ noch größer, denn sie befürchten, dass ihr ______________ nicht ausreichend für die Erziehung der Kinder sein könnte. ___ ________ unserer Organisation „Buntes Deutschland" möchte ich Ihnen heute im Interview Fragen dazu stellen, ob ______________ auch Ein- oder Zuwanderern in Deutschland ________.

Hr. Wenzel : Wir heißen Sie im Haus der Bundesagentur für Arbeit willkommen. Wenn es um die Frage geht, wer für die ________ sozialer Risiken verantwortlich ist, ist sich eine große ________ der Bevölkerung einig: der Staat. Deutschland ist ein Sozial- und Wohlfahrtsstaat, in dem die Verantwortung für die ________ grundlegender Menschenrechte beim Staat liegt. Er ist zur ________ für seine Einwohner verpflichtet, und er hat bei der grundsätzlichen Ausgestaltung der Sozialversicherungen ______ vor der individuellen Eigenvorsorge. Deshalb können Ein- und Zuwanderer in Deutschland selbstverständlich einen ________ _____ sämtliche Sozialleistungen wie z.B. Kindergeld stellen.

Interviewerin : Dürfte ich Sie um eine Erklärung bitten, wann und wo Kindergeld ________ werden kann, und wie lange und in welcher Höhe es ________ wird?

Hr. Wenzel : Kindergeld kann beantragt werden, wenn folgende ________ erfüllt sind: das Kind ist unter 18 Jahren, Sie versorgen es regelmäßig und es lebt in Ihrem Haushalt, wobei Sie Kindergeld nicht nur für eigene Kinder erhalten. Das bedeutet, es kann auch für Stiefkinder, Enkelkinder und Pflegekinder beantragt werden. ________ muss sich Ihr Wohnort in Deutschland, einem anderen Land der Europäischen

Union oder der Schweiz befinden. Da die Bearbeitungsdauer bis zu sechs Wochen in __________ nehmen kann, empfehlen wir, den Kindergeldbeitrag schnellstmöglich, am besten direkt nach der Geburt Ihres Kindes bei der zuständigen Familienkasse ____________________. Nach dem aktuellen ________ erhalten Sie für jedes Kind mindestens 219 Euro im Monat und es wird mindestens bis zur __________ des 18. Lebensjahres gezahlt. Haben Sie mehrere Kinder, bestimmt deren Anzahl die Höhe des Kindergeldes, das Sie insgesamt erhalten: Für das 1. und 2. Kind 219 Euro pro Kind, für das 3. Kind 225 Euro und ab dem 4. Kind 250 Euro pro Kind. In bestimmten Fällen kann Kindergeld ____ 18 Jahren beantragt werden. Ausführliche Informationen zum Kindergeld erhalten Sie auf unserer Website www.arbeitsagentur.de. Aber beachten Sie bitte, dass nicht alle Anträge an uns __________ werden können, sondern man von uns manchmal auch einen Ablehnungsbescheid erhalten kann. In einem solchen Fall ist jeder __________ berechtigt, einen Ein- oder Widerspruch gegen einen bereits mitgeteilten Bescheid __________.

Interviewerin: Vielen Dank für die ausführlichen Informationen zu diesem Thema, und ich hoffe, dass unsere Organisationsmitglieder diese wertvollen Informationen für ihre Zukunft in Deutschland __________ können.

Lektion 6

사회, 인문 / 뉴스
안네의 일기: 숨겨진 페이지의 해독

오늘의 주제

Tagebuch von Anne Frank: Verborgene Seiten entziffert

안네의 일기, 숨겨진 페이지의 해독

나치에게 희생당한 유대인 안네와 그녀의 일기는 20세기 중반 문학에서 빼 놓을 수 없는 작품입니다. 오늘은 그 작품에 관련된 뉴스를 듣고 문제를 풀어 보겠습니다.

Schritt 1

어휘 & 표현 체크

오늘의 중요 어휘 및 표현들을 알아봅시다.

- entziffern (암호를) 해독하다, 판독하다
- e. Pubertät 사춘기
- e. Erwähnung 언급
- e. Passage 문구, 구절
- an die Macht kommen 권력을 잡다
- aufklären 밝히다, 깨우쳐 주다
- derb 노골적인, 우악스러운
- im Nachhinein 나중에, 추후에
- umfangreich 범위가 넓은, 방대한

mp3 음성을 듣고, 정답을 체크해 보세요.

Sie hören eine Nachricht im Radio.

Sie hören den Text einmal. Wählen Sie bei jeder Aufgabe die richtige Lösung.

1. In den Nachrichten wird von einem neuen Ereignis bezüglich Anne Frank berichtet.

☐ Richtig ☐ Falsch

2. Mithilfe einer digitalen Technik wurde herausgefunden, …

a. was Anne Frank damals auf zwei Seiten in ihrem Tagebuch geschrieben hat.

b.was Anne Frank mit braunem Packpapier gebastelt hat.

c.was Anne Frank in ihrem Versteck gelesen hatte, bevor sie deportiert wurde.

3. Die entzifferten Seiten beinhalten die bisher unbekannten Texte bezüglich ihrer Ansicht zur Sexualität.

☐ Richtig ☐ Falsch

4. Die entdeckte Textpassage ist deshalb wichtig, weil …

a. sie in ihrem Alter zum ersten Mal von Sexualität erwähnt hat.

b. ihr Schreibstil als angehende Schriftstellerin viel Positives verraten lässt.

c. sie sie keinem zeigen wollte.

5. Die neuen Seiten des Tagebuchs werden wahrscheinlich nicht zur Publikation veröffentlicht.

☐ Richtig ☐ Falsch

6. Anne Frank und ihre Familie wurden deportiert, weil …

a. sie von den Nationalsozialisten entdeckt wurden.

b. sie in die Niederlande ausgewandert sind.

c. ihr Vater seine Aufzeichnungen veröffentlicht hat.

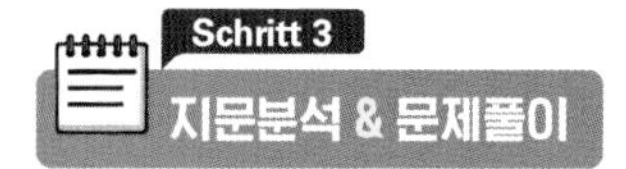

지문을 분석하며 문제에 대한 답을 확인하고, 답이 되는 이유를 살펴봅시다.

Nachrichtensprecherin : Guten Abend und willkommen bei den 19 Uhr Nachrichten am Donnerstagabend. ① Das Tagebuch von Anne Frank wird nun umfangreicher.

② Am 28. September 1942 hatte Anne Frank auf zwei Seiten ihres Tagebuchs etwas notiert, aber diese Seiten waren mehr als 70 Jahre lang mit braunem Packpapier verklebt und unlesbar. Laut einer Mitteilung der Amsterdamer Anne Frank - Stiftung haben Experten es nun mit Hilfe einer digitalen Fototechnik geschafft, die beiden Seiten zu entziffern.

1. In den Nachrichten wird von einem neuen Ereignis bezüglich Anne Frank berichtet. **정답: Richtig**

1. 뉴스에 안네 프랑크와 관련된 새로운 사건이 보도되고 있다.

TIPP 지문의 'umfangreicher(범위가 넓어지다)'는 곧, 기존에 알려진 내용/사건에 새로운 사실이 부가된다고 이해할 수 있습니다.

2. Mithilfe einer digitalen Technik wurde herausgefunden, … **정답: a**

a. was Anne Frank damals auf zwei Seiten in ihrem Tagebuch geschrieben hat.
b. was Anne Frank mit braunem Packpapier gebastelt hat.
c. was Anne Frank in ihrem Versteck gelesen hatte, bevor sie deportiert wurde.

2. 디지털 기술의 도움으로 … 이 발견되었다.

a. 안네 프랑크가 그녀의 일기에 두 페이지에 걸쳐 작성했던 것
b. 안네 프랑크가 갈색 포장지로 만들었던 것
c. 안네 프랑크가 추방되기 전 은신처에서 읽었던 것

TIPP 일기의 두 페이지가 붙여져 읽을 수 없는 상태였으나, 디지털 기능으로 해독되었다고 나와 있습니다.

③ Anschließend präsentierte die Stiftung die bislang unbekannten Texte. Dabei handelt es sich um sexuelle Texte und derbe Witze. Ein Beispiel: *„Wissen Sie, wozu die deutschen Wehrmachtsmädchen in den Niederlanden sind? Als Matratzen für die Soldaten."* Da solche derben Witze sogenannte „Kriegsklassiker" waren, hatte sie Anne offenbar im Radio oder von ihren Familienangehörigen gehört.

Des Weiteren schrieb Anne ebenfalls über Sexualität und Prostitution, und dies liest sich wie eine fast wörtliche Wiedergabe ihrer eigenen Sexualaufklärung. Das heißt, sie beschrieb Sexualität in ihren Worten, also so, als müsste sie jemanden sexuell aufklären.

④ Aus diesem Grund behaupten Experten, dass der wichtige Punkt bei der Entdeckung der Seiten nicht in der Erwähnung der Sexualität selbst liegt, sondern dass man auf ihren Schreibstil achten sollte, wie sie sich als 13-jähriges Mädchen in der Pubertät über Sexualität ausgedrückt und sie schriftstellerisch dargestellt hat. Ihr Schreibstil verrät viel über die beginnende Schriftstellerin, die Anne später werden wollte.

3. Die entzifferten Seiten beinhalten die bisher unbekannten Texte bezüglich ihrer Ansicht zur Sexualität. **정답: Richtig**

3. 해독된 페이지에는 지금까지 알려지지 않았던 그녀의 성에 대한 관점과 관련된 내용이 포함되어 있다.

TIPP Ansicht zur Sexualität ≒ Wiedergabe ihrer eigenen Sexualaufklärung

4. Die entdeckte Textpassage ist deshalb wichtig, weil … **정답: b**

a. sie in ihrem Alter zum ersten Mal von Sexualität erwähnt hat.
b. ihr Schreibstil als angehende Schriftstellerin viel Positives verraten lässt.
c. sie sie keinem zeigen wollte.

4. 해독된 구절이 중요한 이유는 …

a. 그녀가 그녀의 나이에 처음으로 성에 대해 언급했기 때문이다.
b. 장래 여류 작가로서의 그녀의 집필 스타일이 많은 긍정적인 것을 암시하기 때문이다.
c. 그녀가 그 페이지를 누구에게도 보여주고 싶지 않았기 때문이다.

TIPP 지문에서 'sondern' 이하로 문체(Schreibstil)가 주목되어야 한다고 직접적으로 말하고 있으며, 이유도 설명하고 있습니다.

Offenbar waren die beiden Seiten Anne Frank im Nachhinein unangenehm. Deshalb habe die Anne Frank- Stiftung lange gezweifelt, ⑤ ob sie die überklebten Passagen überhaupt veröffentlichen sollte. Direktor Leopold sagte: *„Anne Frank ist weltweit zu einer Ikone geworden, und ihr Tagebuch gehört zum Weltkulturerbe der UNESCO. Wir fanden, dass alle Texte dokumentiert werden mussten."* Gut möglich, dass die beiden neuen Seiten Bestandteil von neuen Ausgaben des Tagebuches werden. Anne Frank ist im Juni 1929 in Frankfurt am Main auf die Welt gekommen. Nachdem die Nationalsozialisten an die Macht gekommen waren, wanderte die Familie in die Niederlande aus. ⑥ Im August 1944 wurde die Familie verraten und deportiert. Anne starb 1945 im Alter von 15 Jahren im Konzentrationslager Bergen-Belsen. Ihr Vater Otto Frank überlebte und veröffentlichte Annes Aufzeichnungen im Jahr 1947.

5. Die neuen Seiten des Tagebuchs werden voraussichtlich nicht zur Publikation veröffentlicht. **정답: Falsch**

5. 일기의 새로운 페이지들은 출판되지 않을 것이다.

TIPP 지문에서 발견된 페이지가 안네의 일기의 새로운 버전에 포함될 예정이라고 말하고 있습니다. 문제는 부정문으로 출제되었으니, Falsch가 정답입니다.

---

6. Anne Frank und ihre Familie wurden deportiert, weil … **정답: a**

a. sie von den Nationalsozialisten entdeckt wurden.
b. sie in die Niederlande ausgewandert sind.
c. ihr Vater seine Aufzeichnungen veröffentlicht hat.

6. 안네 프랑크와 그녀의 가족은 추방되었는데, 그 이유는 …

a. 그들이 사회주의자들(나치)에 의해 발각되었기 때문이다.
b. 그들이 네덜란드로 이민을 갔기 때문이다.
c. 그녀의 아버지가 그의 기록물을 출판했기 때문이다.

TIPP 안네의 가족이 밀고를 당해서 추방이 되었다는 것은 곧 나치군에게 발각되어 추방당했다는 의미입니다.

mp3 파일을 듣고 빈칸에 알맞은 말을 쓰세요.

Nachrichtsprecherin : Guten Abend und willkommen bei den 19 Uhr Nachrichten am Donnerstagabend. Das Tagebuch von Anne Frank wird nun ________. Am 28. September 1942 hatte Anne Frank auf zwei Seiten ihres Tagebuchs etwas ________, aber diese Seiten waren mehr als 70 Jahre lang mit braunem Packpapier ________ und ________. Laut einer Mitteilung der Amsterdamer Anne Frank - Stiftung haben Experten es nun mit ______ einer digitalen Fototechnik geschafft, die beiden Seiten zu ________. Anschließend präsentierte die Stiftung die bislang unbekannten Texte. Dabei handelt es sich um sexuelle Texte und _____ Witze. Ein Beispiel: *„Wissen Sie, wozu die deutschen Wehrmachtsmädchen in den Niederlanden sind? Als Matratzen für die Soldaten."* Da solche derben Witze sogenannte „Kriegsklassiker" waren, hatte sie Anne ________ im Radio oder von ihren Familienangehörigen gehört.

Des Weiteren schrieb Anne ebenfalls über __________ und Prostitution, und dies _________ sich wie eine fast wörtliche Wiedergabe ihrer eigenen ________________. Das heißt, sie beschrieb Sexualität in ihren Worten, also so, als müsste sie jemanden sexuell ________. Aus diesem Grund behaupten Experten, dass der wichtige Punkt bei der Entdeckung der Seiten nicht in der Erwähnung der Sexualität selbst liegt, sondern dass man auf ihren ________ achten sollte, wie sie sich als 13-jähriges Mädchen in der ________ über Sexualität ausgedrückt und sie ________________ dargestellt hat. Ihr Schreibstil ________ viel über die beginnende Schriftstellerin, die Anne später werden wollte.

Offenbar waren die beiden Seiten Anne Frank im ________ unangenehm. Deshalb habe die Anne Frank- Stiftung lange gezweifelt, ob sie die überklebten ________ überhaupt veröffentlichen sollte. Direktor Leopold sagte: *„Anne Frank ist weltweit zu einer ____ geworden, und ihr Tagebuch gehört zum __________ der UNESCO. Wir* *fanden, dass alle Texte dokumentiert werden mussten."* Gut möglich, dass die beiden neuen Seiten __________ von neuen Ausgaben des Tagebuches werden.

Anne Frank ist im Juni 1929 in Frankfurt am Main auf die Welt gekommen. Nachdem die Nationalsozialisten ____ die __________ gekommen waren, wanderte die Familie in die Niederlande aus. Im August 1944 wurde die Familie verraten und __________. Anne starb 1945 im Alter von 15 Jahren im Konzentrationslager Bergen-Belsen. Ihr Vater Otto Frank überlebte und veröffentlichte Annes ____________________ im Jahr 1947.

Was mich nicht umbringt, macht mich stärker.

나를 죽이지 않는 모든 것은 나를 강하게 한다.

(Friedrich Nietzsche, 독일의 철학자, 1844-1900)

[umbringen 죽이다]

Lektion 7

환경 / 뉴스
독일의 재생 가능 에너지법, EEG

오늘의 주제

Das Erneuerbare-Energien-Gesetz (EEG)

재생 가능 에너지법 (EEG)

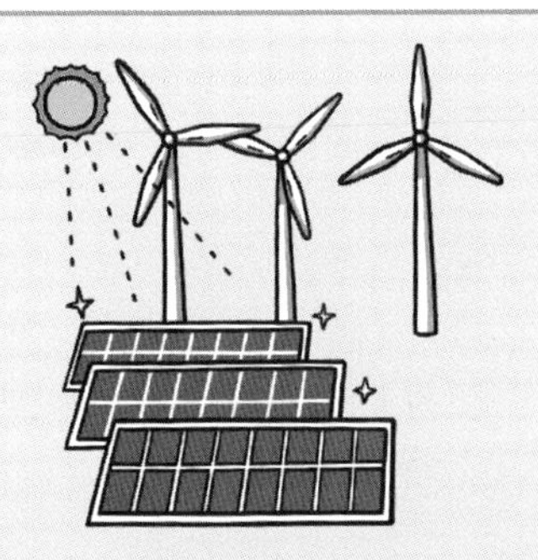

독일의 재생 가능 에너지에 대한 관심이 뜨겁습니다. 오늘은 재생 가능 에너지가 무엇인지, 그리고 재생 가능 에너지와 관련된 법에 대한 뉴스를 듣고 문제를 풀어 보겠습니다.

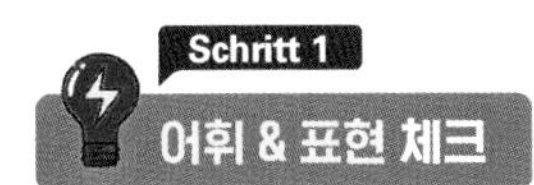

어휘 & 표현 체크

오늘의 중요 어휘 및 표현들을 알아봅시다.

- umschalten 전환하다
- konzipieren 구상하다, 계획하다
- e. Einspeisung 공급, 유입
- abzielen (auf et.) 목표로 삼다, 겨냥하다
- unter Kontrolle setzen 감시하에 두다
- in Erwägung ziehen 고려하다, 숙고하다
- e. Subvention (국가, 단체의) 보조금
- erzeugen 생산하다
- e. Bilanz 성과, 수확
- sich einigen (auf et.) 의견이 일치하다, 동의하다

mp3 음성을 듣고, 정답을 체크해 보세요.

Sie hören eine Nachricht im Radio.

Sie hören den Text einmal. Wählen Sie bei jeder Aufgabe die richtige Lösung.

1. Das Erneuerbare-Energien-Gesetz (EEG) soll überarbeitet werden, um das vorgeschriebene umweltfreundliche Ziel rasch zu erreichen.

▢ Richtig ▢ Falsch

2. Bezüglich der Stromversorgung plant die deutsche Regierung, dass …

a. die Stromproduktion von fossilen auf erneuerbare Energien umweltfreundlich umgeschaltet werden soll.

b. das Erneuerbare-Energien-Gesetz erstmal nicht überarbeitet werden soll.

c. Wind- und Solarenergie sukzessiv durch andere Energiequellen ersetzt werden sollen.

3. Mit dem EEG bemüht sich die deutsche Regierung den Anteil der erneuerbaren Energien auf bis zu 56 Prozent zu erhöhen.

▢ Richtig ▢ Falsch

4. Nach dem EEG sollen sämtliche Energien, die durch neue Technologien wie Wind- und Sonnenenergie erzeugt wurden …

a. vor dem Markteintritt vom Staat unter Kontrolle zur Qualitätssicherung gesetzt werden.

b. mit bestimmten Vergütungen vom Staat garantiert abgenommen, eingelagert und eingespeist werden.

c. mit variablen Vergütungen vom Staat abgekauft werden.

5. Die deutsche Regierung hat bereits in Erwägung gezogen, die Erzeugung und den Verbrauch von Strom in Deutschland bis 2050 klimaneutral zu schaffen.

▢ Richtig ▢ Falsch

6. Das Ziel der Änderung, die im Jahr 2020 beschlossen wurde, ist, …

a. mehrere Windkraftanlagen mittels staatlicher Subvention auszubauen.

b. Bürger, die sich gegen den Ausbau der erneuerbaren Energien äußern, weniger finanzielle Beteiligung vom Staat erhalten.

c. weitere entstehende Kosten für Betroffene zu senken und die Akzeptanz für den Ausbauort zu erhöhen.

지문을 분석하며 문제에 대한 답을 확인하고, 답이 되는 이유를 살펴봅시다.

Nachrichtsprecher : ① Deutschland soll schneller grüner werden, und um dieses vorgeschriebene Ziel zu erreichen, ist eine Gesetzesnovelle zum Erneuerbaren-Energien-Gesetz (EEG) notwendig. ② Die Stromversorgung in Deutschland soll Jahr für Jahr von knappen fossilen auf erneuerbare Energien, zum Beispiel Wind- und Sonnenenergie, umweltverträglich umgestellt werden. Bereits vor ein paar Jahrzehnten wurde ein erfolgreiches Instrument zur Förderung des Stroms aus erneuerbaren Energien konzipiert: das Erneuerbare-Energien-Gesetz (EEG). Die Bundesregierung hat dieses bereits bestehende Energiekonzept schnell fortentwickelt, um den ökologischen Weg zur Energiewende noch schneller, effizienter und konsequenter voranzutreiben, nachdem die ganze Welt die verheerende Reaktorkatastrophe in Fukushima im Jahr 2011 erlebt hat, woraufhin hierzulande der Ausstieg aus der Atomkraft beschlossen wurde.

1. Das Erneuerbare-Energien-Gesetz (EEG) soll überarbeitet werden, um das vorgeschriebene umweltfreundliche Ziel rasch zu erreichen. 정답: Richtig

1. 규정된 환경친화적 목표를 신속하게 달성하기 위하여 재생 에너지법은 수정되어야 한다.

TIPP 법 개정(Gesetzesnovelle)이 불가피하므로 재생 에너지법은 수정되어야(überarbeitet werden) 합니다.
Gesetzesnovelle ist notwendig ≒ Gesetzt soll überarbeitet werden

2. Bezüglich der Stromversorgung plant die deutsche Regierung, dass … 정답: a

a. die Stromproduktion von fossilen auf erneuerbare Energien umweltfreundlich umgeschaltet werden soll.

b. das Erneuerbare-Energien-Gesetz erstmal nicht überarbeitet werden soll.

c. Wind- und Solarenergie sukzessiv durch andere Energiequellen ersetzt werden sollen.

2. 독일 정부는 전력 공급에 관하여 …을 계획하고 있다.

a. 전기 생산이 화석연료에서 재생 가능한 에너지로 친환경적으로 전환되어야 한다는 것
b. 재생 에너지법이 당분간 개정되지 않아야 한다는 것
c. 풍력 및 태양 에너지가 다른 에너지원을 통해 연속적으로 대체되어야 한다는 것

TIPP von et. auf et. umgestellt werden ≒ von et. auf et. umgeschaltet werden

③ Grundsätzlich lautet das Hauptziel des aktuellen Erneuerbaren-Energien-Gesetzes die Energieversorgung umzubauen und den Anteil der erneuerbaren Energien an der Stromversorgung bis 2030 auf mindestens 65 Prozent zu steigern, ④ indem den jungen Technologien wie Wind- und Sonnenenergie durch feste Vergütungen sowie durch die garantierte Abnahme und die vorrangige Einspeisung des Stroms der Markteintritt ermöglicht wird. Dadurch zeigt das EEG-Konzept inzwischen eine positive Bilanz, da der Anteil der erneuerbaren Energien am Bruttostromverbrauch inzwischen bei rund 43 Prozent liegt. Im Vergleich dazu hat deren Anteil im Jahr 2010 nur 16,9 Prozent betragen.

3. Mit dem EEG bemüht sich die deutsche Regierung den Anteil der erneuerbaren Energien auf bis zu 56 Prozent zu erhöhen. **정답: Falsch**

3. 재생 에너지법을 통해 독일 정부는 재생 에너지의 비율을 최대 56%까지 높이려고 한다.

TIPP auf et. steigern ≒ zu et. erhöhen, 56퍼센트가 아닌, 65퍼센트입니다. 숫자 듣기에 주의하세요.

---

4. Nach dem EEG sollen sämtliche Energien, die durch neue Technologien wie Wind- und Sonnenenergie erzeugt wurden … **정답: b**

a. vor dem Markteintritt vom Staat unter Kontrolle zur Qualitätssicherung gesetzt werden.
b. mit bestimmten Vergütungen vom Staat garantiert abgenommen, eingelagert und eingespeist werden.
c. mit variablen Vergütungen vom Staat abgekauft werden.

4. 새로운 재생 에너지법에 따르면 풍력 및 태양 에너지와 같이 신기술에 의해 생성된 모든 에너지는 …

a. 시장에 진입하기 전 국가가 품질 보증을 위해 통제해야 한다.
b. 특정한 고정 보수를 통해 국가로 인해 매입, 저장 및 공급되어야 한다.
c. 변동 보수를 통해 국가로부터 매입되어야 한다.

TIPP junge Technologien ≒ neue Technologien / fest ≒ bestimmt /
e. Einspeisung ≒ eingespeist werden

⑤ Um das 65 Prozent-Ziel zu erreichen, hat die Bundesregierung im September 2020 eine Änderung des EEG beschlossen: Das Ziel besteht nun ebenfalls darin, die Erzeugung und den Verbrauch von Strom in Deutschland bis 2050 treibhausgasneutral zu gestalten. ⑥ Diese Gesetzesänderung zielt darauf ab, die zusätzliche Kostenbelastung für Bürger und Unternehmer zu begrenzen und die Akzeptanz vor Ort für den Ausbau erneuerbarer Energien zu erhöhen. Um dieses Ziel zu erreichen, einigte man sich im Dezember 2020 auf die Reform für schnelleren Ökostrom-Ausbau. Nach Mitteilung der Fraktionen sollen sich die Bedingungen für Anlagen, welche zum Jahreswechsel aus der EEG-Förderung gefallen wären, verbessern. Außerdem wird es künftig eine finanzielle Beteiligung für Gemeinden geben, bei denen Windkraftanlagen gebaut werden. Die EEG-Reform soll noch von Bundestag und Bundesrat beschlossen werden, damit sie rechtlich in Kraft treten kann.

5. Die deutsche Regierung hat bereits in Erwägung gezogen, die Erzeugung und den Verbrauch von Strom in Deutschland bis 2050 klimaneutral zu schaffen.

정답: Richtig

5. 독일 정부는 이미 2050년까지 독일의 전기 생산 및 소비를 기후 중립적으로 만드는 것을 고려했다.

 beschlossen haben ≒ in Erwägung gezogen haben / treibhausgasneutral ≒ klimaneutral

---

6. Das Ziel der Änderung, die im Jahr 2020 beschlossen wurde, ist, ··· **정답: c**

a. mehrere Windkraftanlagen mittels staatlicher Subvention auszubauen.
b. Bürger, die sich gegen den Ausbau der erneuerbaren Energien äußern, weniger finanzielle Beteiligung vom Staat erhalten.
c. weitere entstehende Kosten für Betroffene zu senken und die Akzeptanz für den Ausbauort zu erhöhen.

6. 2020년에 결정된 변화의 목표는...

a. 국가 보조금을 통해 더 많은 풍력발전소가 건설되어야 한다는 것
b. 재생 에너지의 확장에 반대하는 국민은 정부로부터 재정적 지원을 덜 받는 것
c. 저촉을 받는 사람들에게 발생하는 추가 비용을 줄이고 발전소가 건설되는 지역의 수용도를 높이는 것

TIPP zusätzliche Kostenbelastung ≒ weitere entstehende Kosten / r. Ausbauort ≒ vor Ort

mp3 파일을 듣고 빈칸에 알맞은 말을 쓰세요.

Nachrichtsprecher : Deutschland soll schneller __________ werden, und um dieses __________ Ziel zu erreichen, ist eine _______________ zum Erneuerbaren-Energien-Gesetz (EEG) notwendig. Die Stromversorgung in Deutschland soll Jahr für Jahr __________ knappen fossilen _____ erneuerbare Energien, zum Beispiel Wind- und Sonnenenergie, _______________ umgestellt werden. Bereits vor ein paar Jahrzehnten wurde ein erfolgreiches Instrument zur __________ des Stroms aus erneuerbaren Energien __________: das Erneuerbare-Energien-Gesetz (EEG). Die Bundesregierung hat dieses bereits bestehende Energiekonzept schnell fortentwickelt, um den ökologischen Weg zur Energiewende noch schneller, effizienter und __________ voranzutreiben, nachdem die ganze Welt die __________ Reaktorkatastrophe in Fukushima im Jahr 2011 erlebt hat, woraufhin hierzulande der Ausstieg aus der Atomkraft beschlossen wurde.

Grundsätzlich lautet das Hauptziel des aktuellen Erneuerbaren-Energien-Gesetzes die Energieversorgung __________ und den Anteil der erneuerbaren Energien an der Stromversorgung bis 2030 auf mindestens 65 Prozent zu steigern, indem den jungen Technologien wie Wind- und Sonnenenergie durch feste __________ sowie durch die garantierte __________ und die vorrangige __________ des Stroms der Markteintritt ermöglicht wird. Dadurch zeigt das EEG-Konzept inzwischen eine positive Bilanz, da der __________ der erneuerbaren Energien am Bruttostromverbrauch inzwischen _____ rund 43 Prozent _______. Im Vergleich dazu hat deren Anteil im Jahr 2010 nur 16,9 Prozent _____ .

Um das 65 Prozent-Ziel zu erreichen, hat die Bundesregierung im September 2020 eine Änderung des EEG beschlossen: Das Ziel besteht nun ebenfalls darin, die __________ und den Verbrauch von Strom in Deutschland bis 2050 ____________________ zu gestalten. Diese Gesetzesänderung ________ darauf ______, die zusätzliche

Kostenbelastung für Bürger und Unternehmer zu begrenzen und die __________ vor Ort für den Ausbau erneuerbarer Energien zu erhöhen.

Um dieses Ziel zu erreichen, einigte man sich im Dezember 2020 auf die __________ für schnelleren Ökostrom-Ausbau. Nach Mitteilung der Fraktionen sollen sich die Bedingungen für Anlagen, welche zum Jahreswechsel aus der EEG-Förderung gefallen wären, verbessern. Außerdem wird es __________ eine finanzielle __________ für Gemeinden geben, bei denen Windkraftanlagen gebaut werden. Die EEG-Reform soll noch von Bundestag und Bundesrat beschlossen werden, damit sie __________ in Kraft __________ kann.

Der Zweck des Lebens ist das Leben selbst.

인생의 목적은 인생 그 자체이다.

(Heinrich Heine, 독일의 시인, 평론가, 1797-1856)

[r. Zweck 목적, selbst 그 자체]

Lektion 8

환경 / 다인 인터뷰
포장법에 대한 세 국가의 정책

오늘의 주제

Verpackungsgesetze – Fallstudien: Deutschland, Japan und Korea

포장법의 사례 연구 : 독일, 일본 그리고 한국

환경과 재활용 문제에 있어 빠질 수 없는 주제가 바로 불필요한 포장에 관한 것이죠!

오늘은 세 국가의 포장법에 관한 다인 인터뷰를 듣고 문제를 풀어 보겠습니다.

Schritt 1

어휘 & 표현 체크

오늘의 중요 어휘 및 표현들을 알아봅시다.

- in Kraft treten 효력을 발생시키다
- regulieren 규정하다
- s. Bußgeld 벌금
- in Umlauf/Verkehr bringen 유통시키다
- r. Vertreiber 판매자
- drohen 임박하다, 협박하다
- im Endeffekt 결과적으로
- an et. halten ~을 준수하다

mp3 음성을 듣고, 정답을 체크해 보세요.

Sie hören ein Interview mit mehreren Personen.

Sie hören den Text einmal. Wählen Sie bei jeder Aufgabe die richtige Lösung.

1. In Deutschland ist das neue Verpackungsgesetz außer Kraft getreten.

☐ Richtig ☐ Falsch

2. Hersteller und Vertreiber, die vom Verpackungsgesetz betroffen sind, sind verpflichtet, …

a. die zu versendenden Verpackungen sorgfältig mit Materialien zu befüllen.

b. sich beim Endverbraucher zu melden, um detaillierte Gesetzinformationen weiterzugeben.

c. sich die Verpackungen bei einem Register anzumelden und dort deren Materialien anzugeben.

3. In Japan gibt es ein Gesetz zur Reduzierung von allgemeinen Verpackungsabfällen.

☐ Richtig ☐ Falsch

4. Laut dem japanischen Gesetz müssen alle Hersteller von Verpackungen …

a. ihre Ware nach dem Materialtyp kennzeichnen.

b. die Verpackungsmaterialien zur Verkehrskontrolle bringen.

c. ihre Ware nach dem Herstellungstyp kennzeichnen.

5. Laut dem „Verbot der Wiederverpackung" ist nicht gestattet, …

a. die original nicht verpackte Ware am Verkaufsort einzupacken.

b. die bereits verpackte Ware am Verkaufsort auszupacken.

c. die bereits verpackte Ware erneut gebündelt zu verpacken.

6. Das Gesetz „Verbot der Umverpackung" von Korea hat einen großen Erfolg in der Praxis.

☐ Richtig ☐ Falsch

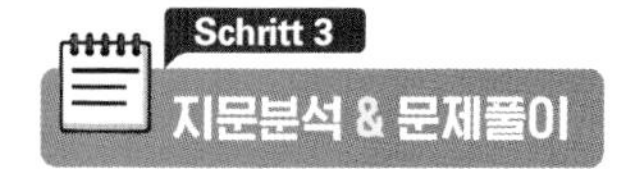

지문을 분석하며 문제에 대한 답을 확인하고, 답이 되는 이유를 살펴봅시다.

Moderator : Lebensmittel und Kleidung im Internet bestellen: Das ist bequem, produziert aber viel Abfall, und die Verpackungsmüllmenge in Deutschland nimmt weiter zu. Könnten Gesetze dabei helfen, dass weniger Verpackungsabfälle produziert werden?

Frau Schulz : ① Das neue deutsche Verpackungsgesetz ist im Jahr 2019 in Kraft getreten, und ② alle Hersteller und Vertreiber, die Verpackungen in Umlauf bringen, sind dazu verpflichtet, die mit Ware befüllten Verpackungen sowie deren Material bei der zentralen „Verpackungsregister"-Stelle zu registrieren. Des Weiteren sind sie ebenfalls zur Rücknahme und Wiederverwertung von Verpackungen verpflichtet. Das Registersystem ergänzt die öffentlich-rechtliche Abfallversorgung und sorgt dafür, dass der beim Endverbraucher anfallende Verpackungsmüll entsorgt wird. Im Endeffekt zielt das Gesetz darauf ab, dass möglichst viel Abfall recycelt wird. Bei Verstoß gegen das Gesetz droht ein Bußgeld von bis zu 200.000 Euro.

1. In Deutschland ist das neue Verpackungsgesetz außer Kraft getreten.

1. 독일에서는 포장법이 법적 효력을 상실했다. **정답: Falsch**

TIPP 효력을 잃은 것(außer Kraft treten)이 아닌, 효력이 발생한 것(in Kraft treten)입니다.

2. Hersteller und Vertreiber, die vom Verpackungsgesetz betroffen sind, sind verpflichtet, … **정답: c**

a. die zu versendenden Verpackungen sorgfältig mit Materialien zu befüllen.
b. sich beim Endverbraucher zu melden, um detaillierte Gesetzinformationen weiterzugeben.
c. sich die Verpackungen bei einem Register anzumelden und dort deren Materialien anzugeben.

2. 포장법에 영향을 받는 제조업자와 유통업체는 …

a. 발송할 포장용기에 재료들을 주의 깊게 채워 넣어야 한다.
b. 자세한 법률 정보를 제공하기 위해 최종 소비자에게 연락해야 한다.
c. 포장용기가 등록되어 있는 등록부에 등록하고 포장재를 기록해야 한다.

TIPP registrieren ≒ sich anmelden

Herr Umemoto : ③ In Japan existiert das Gesetz „Container and Packaging Recycling Act". Das Ziel des Gesetzes ist eine angemessene Abfallbehandlung sicherzustellen. ④ Das Gesetz verpflichtet alle Hersteller, die Verpackungsmaterialien in Verkehr bringen, diese bezüglich Material umfassend zu kennzeichnen, ③ um mehr davon recyclen zu können. Es reguliert neben Kunststoffverpackungen auch die Entsorgung von Dosen und Verpackungen aus Papier und Karton.

3. In Japan gibt es ein Gesetz zur Reduzierung von allgemeinen Verpackungsabfällen. **정답: Richtig**

3. 일본에는 포장재 폐기물 감축을 위한 법률이 있다.

TIPP et. existiert ≒ es gibt et.

4. Laut dem japanischen Gesetz müssen alle Hersteller von Verpackungen …

a. ihre Ware nach dem Materialtyp kennzeichnen. **정답: a**

b. die Verpackungsmaterialien zur Verkehrskontrolle bringen.

c. ihre Ware nach dem Herstellungstyp kennzeichnen.

4. 일본 법에 따르면, 모든 포장 용기의 생산자는 …

a. 그들의 제품을 포장재에 따라 식별해야 한다.

b. 포장재를 교통 통제국에 보내야 한다.

c. 그들의 제품을 제조 유형에 따라 식별해야 한다.

TIPP bezüglich Material ≒ nach dem Materialtyp

Frau Kim : Nächstes Jahr wird das „Verbot der Wiederverpackung" in Korea in Kraft treten. ⑤ Das Verbot der Wiederverpackung besteht darin, dass Produkte, die bereits verpackt sind, nicht nochmal gebündelt verpackt werden dürfen. Obwohl früher schon ein Verbot der Umverpackung zur Reduzierung von Verpackungsabfällen eingeführt wurde, wurde ⑥ in der Praxis festgestellt, dass sich Unternehmen sowie Vertreiber von Verpackungen oftmals nicht an das Verbot halten. Um dieses Phänomen zu vermeiden, hat sich die Regierung am deutschen Verpackungsgesetz orientiert und beschlossen, dass ein System zur umfassenden Verwaltung und Kontrolle von Produkten eingeführt werden soll. Außerdem werden alle Verpackungsmaterialien im Rahmen des Systems unter der Verantwortung der Hersteller verwaltet werden.

Moderator : Vielen Dank für dieses interessante Gespräch!

5. Laut dem „Verbot der Wiederverpackung" ist nicht gestattet, … **정답: c**

a. die original nicht verpackte Ware am Verkaufsort einzupacken.

b. die bereits verpackte Ware am Verkaufsort auszupacken.

c. die bereits verpackte Ware erneut gebündelt zu verpacken.

5. 재포장 금지법에 따라 …은 금지되어 있다.

a. 원래 포장되지 않은 제품을 판매 장소에서 포장하는 것

b. 이미 포장된 제품을 판매 현장에서 개봉하는 것

c. 이미 포장된 물품을 다시 묶어서 포장하는 것

TIPP nochmal gebündelt ≒ erneut gebündelt

---

6. Das Gesetz „Verbot der Umverpackung" von Korea hat einen großen Erfolg in der Praxis. **정답: Falsch**

6. 한국의 "추가포장 금지법"은 실생활에서 큰 성공을 거두었다.

TIPP 추가포장(Umverpackung)의 금지 사항이 준수되지 않았기에, 새로이 재포장(Wiederverpackung) 금지법이 발효되었습니다.

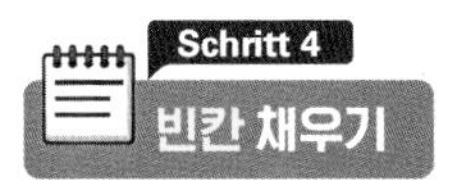

mp3 파일을 듣고 빈칸에 알맞은 말을 쓰세요.

Moderator : Lebensmittel und Kleidung im Internet bestellen: Das ist bequem, produziert aber viel Abfall, und die Verpackungsmüllmenge in Deutschland __________ weiter ______. Könnten Gesetze dabei helfen, dass weniger __________ produziert werden?

Frau Schulz : Das neue deutsche Verpackungsgesetz ist im Jahr 2019 in Kraft __________, und alle Hersteller und __________, die Verpackungen in __________ bringen, sind dazu verpflichtet, die mit Ware befüllten Verpackungen sowie deren Material bei der zentralen „Verpackungsregister"-Stelle zu __________. Des Weiteren sind sie ebenfalls zur Rücknahme und Wiederverwertung von Verpackungen __________. Das Registersystem __________ die öffentlich-rechtliche Abfallversorgung und sorgt dafür, dass der beim Endverbraucher anfallende Verpackungsmüll entsorgt wird. Im Endeffekt zielt das Gesetz darauf ab, dass möglichst viel Abfall __________ wird. Bei __________ gegen das Gesetz droht ein Bußgeld von bis zu 200.000 Euro.

Herr Umemoto : In Japan __________ das Gesetz „Container and Packaging Recycling Act". Das Ziel des Gesetzes ist eine __________ Abfallbehandlung sicherzustellen. Das Gesetz verpflichtet alle Hersteller, die Verpackungsmaterialien in __________ bringen, diese bezüglich Material __________ zu kennzeichnen, um mehr davon recyclen zu können. Es __________ neben Kunststoffverpackungen auch die Entsorgung von Dosen und Verpackungen aus Papier und Karton.

Frau Kim : Nächstes Jahr wird das „Verbot der Wiederverpackung" in Korea in Kraft treten. Das Verbot der Wiederverpackung besteht darin, dass Produkte, die bereits verpackt sind, nicht nochmal __________ verpackt werden dürfen. Obwohl früher schon ein Verbot der ____________________ zur Reduzierung von Verpackungsabfällen eingeführt wurde, wurde in der Praxis festgestellt, dass sich Unternehmen sowie

Vertreiber von Verpackungen oftmals nicht ______ das Verbot __________. Um dieses __________ zu vermeiden, hat sich die Regierung am deutschen Verpackungsgesetz orientiert und beschlossen, dass ein System zur umfassenden Verwaltung und Kontrolle von Produkten eingeführt werden soll. Außerdem werden alle Verpackungsmaterialien im __________ des Systems unter der __________ der Hersteller verwaltet werden.

Moderator : Vielen Dank für dieses interessante Gespräch!

Wer die Zukunft fürchtet, verdirbt sich die Gegenwart.

미래를 두려워하는 자는 자신의 현재를 망친다.

(Lothar Schmidt, 독일의 체스 선수, 1928-2013)
[verderben 타락하다, 망하게 하다]

Lektion 9

환경 / 뉴스
독일의 Zero Waste Shop

오늘의 주제

Kein Plastik: Zero Waste Shop

No 플라스틱 : 제로 웨이스트 샵

이전 과에서 판매자와 생산자에게 적용되는 포장법에 대한 인터뷰를 듣고 공부했다면,

오늘은 소비자가 할 수 있는 환경 보호 방식에 대한 뉴스를 듣고 문제를 풀어 보겠습니다.

Schritt 1

어휘 & 표현 체크

오늘의 중요 어휘 및 표현들을 알아봅시다.

- r. Anreiz 자극
- verzichten (auf et.) ~을 포기하다, 지양하다
- verhältnismäßig 비교적, 상당히
- streben (nach et.) 지향하다
- abhängen (von et.) ~에 달려 있다
- praktizieren 실제에 적용하다, 실천하다
- zukunftsweisend 미래지향적인
- in der Regel 원칙적으로
- verschwenden 낭비하다
- einen Beitrag leisten 기여하다

mp3 음성을 듣고, 정답을 체크해 보세요.

Sie hören eine Nachricht im Radio.

Sie hören den Text einmal. Wählen Sie bei jeder Aufgabe die richtige Lösung.

1. Das Pfandsystem wurde eingeführt, um den Verpackungsmüll zu reduzieren.

☐ Richtig ☐ Falsch

2. Unter Pfandsystem versteht man, dass …

a. die verbrauchten Verpackungen bei den Verkäufern gegen einen Wert abgegeben werden.

b. man gegen Abgabe aller Gebrauchsgüter einen Wert in Höhe von 25 Cent erhält.

c. man die verbrauchten Verpackungen beim Recyclinghof zur Wiederverwendung abgeben kann.

3. „Zero-Waste-Supermarkt" verzichtet zum Teil auf Einwegverpackungen.

☐ Richtig ☐ Falsch

4. Das Konzept von „Zero-Waste-Supermärkten" strebt danach, …

a. einen Beitrag zu leisten, die Welt vollständig plastikfrei zu gestalten.

b. unnötige Plastikverpackungen und Lebensmittelverschwendung zu vermeiden.

c. regional erzeugte Produkte ohne Verpackungen landesweit zu vermarkten.

5. Ein Nachteil des verpackungsfreien Supermarktes ist, dass …

a. die Waren im Vergleich zum normalen Supermarkt keine gute Qualität haben.

b. die Produktpreise im Verhältnis relativ hoch sind.

c. man dort nur wenig einkaufen kann.

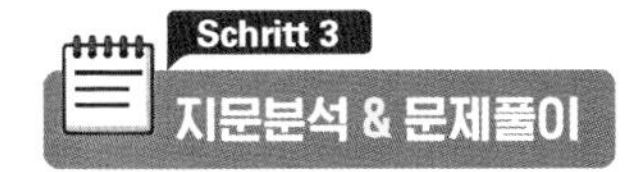

지문을 분석하며 문제에 대한 답을 확인하고, 답이 되는 이유를 살펴봅시다.

Nachrichtsprecherin : In Deutschland wurden 2016 pro Kopf etwa 220 Kilogramm Verpackungsabfälle verursacht. ① Um den Verpackungsabfall zu reduzieren, wurde das Pfandsystem bereits im Jahr 2003 in Deutschland eingeführt. Allgemein betrachtet ist Pfand ein System, bei dem Gebrauchsgüter wie Gefäße aus Plastik oder Glas nach Gebrauch an den Verkäufer oder Händler zurückgebracht werden, damit seine stoffliche Substanz wiederverwendet werden kann. Um den Anreiz für den Verbraucher zu erhöhen, ② erhält man bei der Rückgabe der Gebrauchsgüter einen Wert, das Pfand, zurück. Dieser Wert hängt von der Art des Pfandes ab. In Deutschland gibt es im Wesentlichen zwei Arten des Verpackungspfandes: das Einwegpfand für Einwegverpackungen in Höhe von 25 Cent und das Mehrwegpfandgut in Höhe von bis zu 15 Cent.

1. Das Pfandsystem wurde eingeführt, um den Verpackungsmüll zu reduzieren.

1. 포장재 폐기물을 줄이기 위해 보증금 제도가 도입되었다. **정답: Richtig**

r. Verpackungsabfall ≒ r. Verpackungsmüll

2. Unter Pfandsystem versteht man, dass … **정답: a**

a. die verbrauchten Verpackungen bei den Verkäufern gegen einen Wert abgegeben werden.
b. man gegen Abgabe aller Gebrauchsgüter einen Wert in Höhe von 25 Cent erhält.
c. man die verbrauchten Verpackungen beim Recyclinghof zur Wiederverwendung abgeben kann.

2. 보증금 제도의 정의는 …

a. 사용된 포장용기가 어떠한 가격으로 판매자에게 반환되어지는 것이다.
b. 모든 종류의 사용된 포장용기 반환 시 25센트의 금액을 받는 것이다.
c. 사용된 포장재가 재활용을 위해 재활용 센터에 제출될 수 있다는 것이다.

TIPP einen Wert bei der Rückgabe zurückerhalten ≒ einen Wert abgegeben werden

Parallel zur staatlichen Regelung wurde im Jahr 2014 eine Alternative praktiziert: „Zero-Waste-Supermärkte". Das sind ③ Supermärkte, die komplett auf Einwegverpackungen bzw. Plastik verzichten und ausschließlich verpackungs- und plastikfreie Produkte anbieten, um den Plastikwahnsinn durch zukunftsfähige Lösungen zu stoppen. Solche Unverpackt-Läden sind derzeit bundesweit im Trend, angesagt und stellen eine echte Möglichkeit zum verpackungsfreien Einkaufen dar. Ein verpackungsfreier Supermarkt oder „Unverpackt-Laden" kommt im Prinzip ohne Einwegverpackungen aus. Diese Läden bieten alle Waren „offen" oder notfalls in wiederverwendbaren Behältern an, und es funktioniert recht einfach: Kunden gehen mit leeren Gefäßen oder Behältern in den Laden, füllen dort die benötigten Mengen an Lebensmitteln ab, lassen die Ware zum Schluss abwiegen und bezahlen. Das ④ Konzept solcher plastikfreien Läden ist auf jeden Fall zukunftsweisend: Es spart Unmengen an Plastikverpackungen, die nach dem Einkauf und Verbrauch im Müll landen. Des Weiteren hilft es ebenfalls dabei, die Lebensmittelverschwendung zu reduzieren, da nur die wirklich für den Haushalt benötigten Mengen gekauft werden. Ein weiterer Pluspunkt: Die meisten Läden bieten regional erzeugte Produkte an.

3. „Zero-Waste-Supermarkt" verzichtet zum Teil auf Einwegverpackungen.

3. "쓰레기 없는 가게"는 부분적으로 일회용 포장지를 지양한다. **정답: Falsch**

TIPP komplett ≠ zum Teil

4. Das Konzept von „Zero-Waste-Supermärkten" strebt danach, ··· **정답: b**

a. einen Beitrag zu leisten, die Welt vollständig plastikfrei zu gestalten.
b. unnötige Plastikverpackungen und Lebensmittelverschwendung zu vermeiden.
c. regional erzeugte Produkte ohne Verpackungen landesweit zu vermarken.

4. "쓰레기 없는 가게"는 ···을 지향한다.

a. 플라스틱이 완전히 없는 세상을 만드는 데 기여하는 것
b. 불필요한 플라스틱 포장용기 및 음식물 낭비를 예방하는 것
c. 지역 생산 제품이 포장 없이 전국적으로 유통되는 것

TIPP Lebensmittelverschwendung zu reduzieren ≒ Lebensmittelverschwendung zu vermeiden

⑤ Dennoch gibt es den einen Nachteil, dass die Produkte aufgrund der verhältnismäßig kleinen Einkaufsmengen in der Regel teurer sind als im normalen Supermarkt.

5. Ein Nachteil des verpackungsfreien Supermarktes ist, dass … **정답: b**

a. die Waren im Vergleich zum normalen Supermarkt keine gute Qualität haben.

b. die Produktpreise im Verhältnis relativ hoch sind.

c. man dort nur wenig einkaufen kann.

5. 포장재 없는 슈퍼마켓의 단점은 … 이다.

a. 상품이 일반 슈퍼마켓에 비해 품질이 좋지 않다는 것

b. 불필요한 플라스틱 포장용기 및 음식물 낭비를 예방한다는 것

c. 지역 생산 제품이 포장 없이 전국적으로 유통되는 것

TIPP teurer als ~ sein ≒ relativ hoch sein

mp3 파일을 듣고 빈칸에 알맞은 말을 쓰세요.

Nachrichtsprecherin : In Deutschland wurden 2016 pro Kopf etwa 220 Kilogramm Verpackungsabfälle ________. Um den Verpackungsabfall zu reduzieren, wurde das ________ bereits im Jahr 2003 in Deutschland eingeführt. Allgemein betrachtet ist Pfand ein System, bei dem ________ wie Gefäße aus Plastik oder Glas nach Gebrauch an den Verkäufer oder Händler zurückgebracht werden, damit seine stoffliche ________ wiederverwendet werden kann. Um den ________ für den Verbraucher zu erhöhen, erhält man bei der Rückgabe der Gebrauchsgüter einen ____, das Pfand, zurück. Dieser Wert hängt von der Art des Pfandes ab. In Deutschland gibt es im ________ zwei Arten des Verpackungspfandes: das Einwegpfand für Einwegverpackungen in Höhe von 25 Cent und das Mehrwegpfandgut in Höhe von bis zu 15 Cent.

________ ________ staatlichen Regelung wurde im Jahr 2014 eine Alternative praktiziert: „Zero-Waste-Supermärkte". Das sind Supermärkte, die komplett ________ Einwegverpackungen bzw. Plastik ________ und ausschließlich verpackungs- und plastikfreie Produkte anbieten, um den Plastikwahnsinn durch zukunftsfähige Lösungen zu stoppen. Solche Unverpackt-Läden sind derzeit bundesweit ____ ________, ________ und stellen eine echte Möglichkeit zum verpackungsfreien Einkaufen dar. Ein verpackungsfreier Supermarkt oder „Unverpackt-Laden" kommt im ________ ohne Einwegverpackungen aus. Diese Läden bieten alle Waren „offen" oder notfalls in ________ Behältern an, und es funktioniert recht einfach: Kunden gehen mit leeren Gefäßen oder Behältern in den Laden, füllen dort die benötigten Mengen an Lebensmitteln ab, lassen die Ware zum Schluss ________ und bezahlen. Das ________ solcher plastikfreien Läden ist auf jeden Fall zukunftweisend: Es spart ________ an Plastikverpackungen, die nach dem Einkauf und Verbrauch im Müll landen. Des Weiteren hilft es ebenfalls dabei, die ________ zu reduzieren, da nur die wirklich für den Haushalt benötigten Mengen gekauft werden. Ein weiterer Pluspunkt: Die meisten Läden bieten regional ________ Produkte an. Dennoch gibt es den einen Nachteil, dass die Produkte aufgrund der ________ kleinen Einkaufsmengen in der ________ teurer sind als im normalen Supermarkt.

Lektion 10

건강 / 대화문
채식주의의 장단점

오늘의 주제

Vegetarische Ernährung: Vor- und Nachteile

채식주의 : 장단점

최근 채식주의 식단이 트렌드로 자리잡고 있습니다. 오늘은 채식주의에 관한 장단점에 대한 두 친구의 대화를 듣고 문제를 풀어 보겠습니다.

Schritt 1

어휘 & 표현 체크

오늘의 중요 어휘 및 표현들을 알아봅시다.

- e. Essgewohnheit 식습관
- schonen 보호하다, 소중히 하다
- sich trauen 용기, 자신이 있다
- eine Rolle spielen 어떤 역할을 하다
- zu sich nehmen (음식 등을) 섭취하다
- ausgewogene Ernährung 균형 잡힌 영양 공급
- sich anfühlen ~하게 느껴지다
- auf Probe stellen 시험하다
- an Bedeutung gewinnen 중요성을 얻다
- sich auseinandersetzen ~에 대해 깊이 생각하다

mp3 음성을 듣고, 정답을 체크해 보세요.

Sie hören ein Gespräch unter Freunden.

Sie hören den Text einmal. Wählen Sie bei jeder Aufgabe die richtige Lösung.

1. Die Frau ernährt sich vegetarisch seit ihrer Kindheit.

☐ Richtig ☐ Falsch

2. Die Frau hat damals ihre Ernährung umgestellt, weil …

a. sie sich seit ihrer Pubertät oft mit Kochrezepten beschäftigt hat.

b. ihre Familie sie dazu gezwungen hat, auf Fleisch zu verzichten.

c. ihre Familie sich seit langem gesund ernährt.

3. Der Vorteil vegetarischer Ernährung ist, dass …

a. viele Zivilisationskrankheiten nicht auftreten und Energieverbrauch bei der Herstellung von tierischen Lebensmitteln reduziert werden können.

b. der menschliche Körper mehr gesättigte Fettsäuren aufnimmt.

c. die Umwelt durch vegetarische Ernährung belastet werden kann.

4. Die ausgewogene Ernährung gewinnt aktuell nicht an eine Bedeutung.

☐ Richtig ☐ Falsch

5. Der Nachteil vegetarischer Ernährung ist, dass …

a. man im Alltag wenig Interesse an vegetarischen Lebensmitteln hat.

b. diese Ernährungsweise hohere Lebensmittelkosten verursacht.

c. man viel Auswahl an Essen hat, wenn man auswärts essen geht.

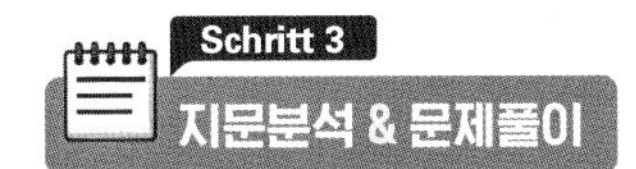
Schritt 3
지문분석 & 문제풀이

지문을 분석하며 문제에 대한 답을 확인하고, 답이 되는 이유를 살펴봅시다.

Martina : Hallo und hereinspaziert! Schön, dass du heute mit dabei bist. Ich freue mich!

David : Aber gerne! Danke für die Einladung, und ich bin hochgespannt, was ich heute Abend auf den Teller bekomme. Gab es viel vorzubereiten?

Martina : Nein, überhaupt nicht. Ich habe mich enorm darüber gefreut, dass ich diesmal wieder die Ehre habe, den Abend mit köstlichem vegetarischen Essen verzaubern zu dürfen! Ich hoffe, dass es dir gut schmeckt, und danke, dass du dich getraut und selbst auf die Probe gestellt hast.

David : Ich bin gern hier, weil ich mich seit langem dafür interessier, wie vegetarisches Essen schmeckt. Aber sag mal, ① seit wann bist du denn Vegetarierin?

Martina : Seit meiner Pubertät ernähre ich mich vegetarisch. ② Vielleicht hat meine Familie dazu beigetragen, dass ich Vegetarierin wurde, weil sich alle in meiner Familie vegetarisch ernähren. Als ich 13 war, haben meine Eltern beschlossen auf Fleisch zu verzichten.

1. Die Frau ernährt sich vegetarisch seit ihrer Kindheit. **정답: Falsch**

1. 여자는 유년기 때부터 채식을 시작했다.

TIPP Martina는 유년기(e. Kindheit)가 아닌, 사춘기(e. Pubertät)부터 채식을 했습니다.

2. Die Frau hat damals ihre Ernährung umgestellt, weil … **정답: c**

a. sie sich seit ihrer Pubertät oft mit Kochrezepten beschäftigt hat.
b. ihre Familie sie dazu gezwungen hat, auf Fleisch zu verzichten.
c. ihre Familie sich seit langem gesund ernährt.

2. 여자는 당시 그녀의 식단을 변경했는데, 그 이유는 …

a. 그녀가 사춘기 때부터 종종 요리 레시피에 몰두했기 때문에
b. 그녀의 가족이 그녀가 육류를 지양하도록 강요했기 때문에
c. 그녀의 가족이 오래 전부터 건강하게 영양을 섭취했기 때문에

TIPP Martina의 가족들이 채식을 시작하며 Martina도 채식을 하게 되었고, 이후 내용에서도 채식의 장점을 설명하므로 답은 c가 됩니다. 가족이 채식을 강요한 것은 아니므로 b와 헷갈리지 않도록 주의하세요.

Es war nicht einfach, meine Essgewohnheiten auf einmal umzustellen, und von daher gab es zwischendurch immer wieder mal Fleisch, aber dann hat sich mein Bauch sehr komisch angefühlt. Ach ja, ③ die Vorteile sind, dass bei Vegetariern sämtliche Zivilisationskrankheiten, z.B. Herz-Kreislauf-Erkrankungen und Bluthochdruck, seltener auftreten und der Körper weniger gesättigte Fettsäuren und Cholesterin aufnimmt. Weiterhin schont eine vegetarische Ernährung die Umwelt und verbraucht weniger Ressourcen als die Herstellung tierischer Lebensmittel.

3. Der Vorteil vegetarischer Ernährung ist, dass, … **정답: a**

a. viele Zivilisationskrankheiten nicht auftreten und Energieverbrauch bei der Herstellung von tierischen Lebensmitteln reduziert werden können.
b. der menschliche Körper mehr gesättigte Fettsäuren aufnimmt.
c. die Umwelt durch vegetarische Ernährung belastet werden kann.

3. 채식 식단의 장점은 … 이다.

a. 많은 현대 질병이 발생하지 않으며 동물성 식품 생산에 필요한 에너지 소비를 줄일 수 있는 것
b. 인체가 더 많은 포화 지방을 흡수하는 것
c. 채식 식단으로 인해 환경이 오염될 수 있다는 것

TIPP sämtliche ≒ viele / Energieverbrauch reduziert werden ≒ weniger Ressourcen verbrauchen

David : Interessant. Ich bin der Meinung, dass man sich eher ausgewogen ernähren soll, also dass man sich abwechslungsreich und nach Möglichkeit sowohl saisonal also regional ernährt, um seinen Bedarf an allen Nährstoffen, wie Kohlenhydraten, Eiweißen, Fetten sowie Vitaminen und Mineralstoffen zu decken.

Martina : Du, na klar. ④ Eine ausgewogene Ernährung spielt schon eine wichtige Rolle im Leben, deshalb achte ich im Alltag stark darauf, was ich täglich zu mir nehme. Ich habe mich in der Vergangenheit so sorgfältig mit pflanzlichen Lebensmitteln auseinandergesetzt, dass ich eben ohne fleischhaltige Lebensmittel ausreichend mit Nähr- und Vitalstoffen sowie Proteinen, Jod, Zink und Eisen usw. versorgt bin. Ab und zu ist es doch schwierig eine Vegetarierin zu sein, zum Beispiel wenn ich mit meinem Freund auf Auslandsreisen gehe, wo der Begriff „Vegetarisch sein" weniger etabliert ist.

Dort habe ich keine große Auswahl an Restaurants, und im Alltag zeigen Leute manchmal kein Verständnis dafür und versuchen mich zu überreden. ⑤ Für den Haushalt, bzw. für den Einkauf müssen wir verhältnismäßig viel budgetieren, weil eine abwechslungsreiche vegetarische Ernährung häufig mit Mehrkosten verbunden ist. Nichtsdestotrotz bin ich sehr glücklich mit meiner Ernährungsweise, aber Achtung! Keinesfalls zwinge ich meine Freunde und Bekannten dazu. Man soll ja nach seinem Gewissen entscheiden! Na, wie schmeckt dir selbstgemachtes vegetarisches Gulasch?

David : Hmm··· herrlich und köstlich! Ich bin sehr überrascht! Danke fürs Kochen und... Mahlzeit!

4. Die ausgewogene Ernährung gewinnt aktuell nicht an eine Bedeutung.

4. 균형 잡힌 식단은 현재 중요하게 여겨지지 않는다. **정답: Falsch**

TIPP an eine Bedeutung gewinnen ≒ eine wichtige Rolle spielen

5. Der Nachteil vegetarischer Ernährung ist, dass ··· **정답: b**

a. man im Alltag wenig Interesse an vegetarischen Lebensmitteln hat.
b. diese Ernährungsweise höhere Lebensmittelkosten verursacht.
c. man viel Auswahl an Essen hat, wenn man auswärts essen geht.

5. 채식 식단의 단점은 ··· 이다.

a. 일상생활에서 채식 식료품에 대한 관심이 적다는 것
b. 채식 식단이 더 높은 식량 비용을 유발한다는 것
c. 외식할 때 다양한 음식을 고를 수 있다는 것

TIPP viel budgetieren, Mehrkosten verbunden sein ≒ höhere Kosten verursachen

mp3 파일을 듣고 빈칸에 알맞은 말을 쓰세요.

Martina : Hallo und __________! Schön, dass du heute mit dabei bist. Ich freue mich!

David : Aber gerne! Danke für die Einladung, und ich bin __________, was ich heute Abend auf den Teller bekomme. Gab es viel vorzubereiten?

Martina : Nein, überhaupt nicht. Ich habe mich __________ darüber gefreut, dass ich diesmal wieder die __________ habe, den Abend mit köstlichem vegetarischem Essen __________ zu dürfen! Ich hoffe, dass es dir gut schmeckt, und danke, dass du dich __________ und selbst auf __________ __________ gestellt hast.

David : Ich bin gern hier, weil ich mich seit langem dafür __________, wie vegetarisches Essen schmeckt. Aber sag mal, seit wann bist du denn Vegetarierin?

Martina : Seit meiner __________ ernähre ich mich vegetarisch. Vielleicht hat meine Familie dazu __________, dass ich Vegetarierin wurde, weil _______ alle in meiner Familie vegetarisch __________. Als ich 13 war, haben meine Eltern beschlossen auf Fleisch zu verzichten. Es war nicht einfach, meine ____________________ auf einmal umzustellen, und von daher gab es zwischendurch immer wieder mal Fleisch, aber dann hat _______ mein Bauch sehr komisch __________. Ach ja, die Vorteile sind, dass bei Vegetariern sämtliche ____________________, z.B. Herz-Kreislauf-Erkrankungen und Bluthochdruck, seltener __________ und der Körper weniger __________ __________ und Cholesterin aufnimmt. Weiterhin _______ eine vegetarische Ernährung die Umwelt und verbraucht weniger ______________ als die Herstellung tierischer Lebensmittel.

David : Interessant. Ich bin der Meinung, dass man sich eher __________ ernähren soll, also dass man sich ______________ und nach Möglichkeit sowohl __________ also regional ernährt, um seinen __________ an allen Nährstoffen, wie Kohlenhydraten,

Eiweißen, Fetten sowie Vitaminen und Mineralstoffen zu ________.

Martina : Du, na klar. Eine ausgewogene Ernährung spielt schon eine ________ ________ im Leben, deshalb achte ich im Alltag stark darauf, was ich täglich ____ ________ ________. Ich habe ____ in der Vergangenheit so sorgfältig mit pflanzlichen Lebensmitteln ____________, dass ich eben ohne fleischhaltige Lebensmittel ________ mit Nähr- und Vitalstoffen sowie Proteinen, Jod, Zink und Eisen usw. versorgt bin. Ab und zu ist es doch schwierig eine Vegetarierin zu sein, zum Beispiel wenn ich mit meinem Freund auf __________ gehe, wo der Begriff „Vegetarisch sein" weniger ________ ist. Dort habe ich ______ große Auswahl an Restaurants, und im Alltag zeigen Leute manchmal ____ Verständnis dafür und versuchen mich zu ________. Für den ________, bzw. für den Einkauf müssen wir ________ viel ________, weil eine abwechslungsreiche vegetarische Ernährung häufig mit Mehrkosten verbunden ist. ____________ bin ich sehr glücklich mit meiner Ernährungsweise, aber Achtung! ________ zwinge ich meine Freunde und Bekannten dazu. Man soll ja nach seinem ________ entscheiden! Na, wie schmeckt dir selbstgemachtes vegetarisches Gulasch?

David : Hmm··· herrlich und köstlich! Ich bin sehr überrascht! Danke fürs Kochen und... Mahlzeit!

Lektion 11

건강 / 전문가 인터뷰
너무도 다양한 다이어트

오늘의 주제

Verschiedene Diäten im Experten-Check

전문가가 말하는 다양한 다이어트

세상에는 다이어트 종류가 너무나 많습니다! 오늘은 다이어트의 종류와 올바른 다이어트란 무엇인지에 대한 전문가 인터뷰를 듣고 문제를 풀어 보겠습니다.

Schritt 1

어휘 & 표현 체크

오늘의 중요 어휘 및 표현들을 알아봅시다.

- e. Kernaussage 핵심 의견, 진술
- e. Gesamtkalorienzufuhr 총 칼로리 공급
- für et. geeignet sein ~에 적합하다
- einen Vorsatz fassen 계획하다, 결심하다
- in Erfüllung gehen (소원 등이) 이루어지다
- s. Kriterium 기준, 표준
- auf et. basieren ~에 기반하다
- auf regulärer Basis 정기적으로
- im Grunde genommen 근본적으로, 원칙적으로
- sich mit et. schwer tun ~를 어려워하다

mp3 음성을 듣고, 정답을 체크해 보세요.

Sie hören ein Interview im Radio.
Sie hören den Text einmal. Wählen Sie bei jeder Aufgabe die richtige Lösung.

1. Der Moderator fastet auf regulärer Basis, damit sein Körper geschont werden kann.

☐ Richtig ☐ Falsch

2. Der Begriff „Diät" bedeutet ursprünglich ···

a. eine Reduktion des Körpergewichtes.
b. eine Kontrolle und ausgewogene Ernährung auf Dauer.
c. eine spezielle Zusammenstellung des Ernährungsprinzips.

3. Die Arten von Diät unterscheiden sich je nach verschiedenen Ernährungsprinzipien.

☐ Richtig ☐ Falsch

4. Bei der Eiweiß-Diät handelt es sich darum, dass ···

a. man über einen festgelegten Zeitraum auf Kohlenhydrate verzichtet und viel Protein zu sich nimmt.
b. man über einen festgelegten Zeitraum seine Kohlenhydrataufnahme reduziert.
c. man sich ausschließlich von eiweißreichenden Lebensmitteln zu sich nimmt.

5. Die Diät ist perfekt, wenn ···

a. die zur Lebensform passende Diätmethode ausgewählt wird.
b. der Körper sich an das neue Essverhalten angepasst hat.
c. die Gewichtreduktion innerhalb eines festgelegten Zeitraums erfolgt.

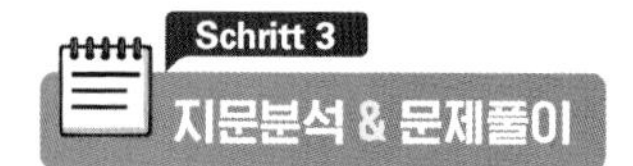

지문을 분석하며 문제에 대한 답을 확인하고, 답이 되는 이유를 살펴봅시다.

Moderator : Liebe Zuschauer, herzlich willkommen zu unserer Neujahrsendung! Mit Sicherheit haben Sie gute Vorsätze fürs neue Jahr gefasst: Sie möchten sich entweder vernünftig oder ausgewogen ernähren, das Gewicht halten oder sogar noch ein bisschen verlieren, und dieser Wunsch steht bei vielen Leuten ganz oben auf der Liste der Vorsätze fürs neue Jahr. Heute erklärt Frau Dr. Schöneberger, wie Ihr Wunsch in Erfüllung gehen kann. Guten Abend, Frau Schöneberger, ich begrüße Sie. ① Um den Körper von Ballast zu befreien, faste ich selbst regelmäßig. Gehört das regelmäßige Fasten ebenfalls zu einer Art von Diät?

Frau Dr. Schöneberger : ② Im Grunde genommen bezeichnet der Begriff „Diät“ eine Kontrolle und bewusste Ernährung, welche auf Dauer oder über einen festgelegten Zeitraum stattfinden kann. Ursprünglich liegt das Ziel der jeweiligen Diät nicht immer bei einer Reduktion des Körpergewichtes, aber viele halten es fürs Abnehmen.

1. Der Moderator fastet auf regulärer Basis, damit sein Körper geschont werden kann.

1. 진행자는 자신의 몸을 보호하기 위하여 정기적으로 단식한다. **정답: Richtig**

TIPP regelmäßig ≒ auf regulärer Basis, '잉여물질(Ballast)로부터 몸을 해방시킨다(den Körper von Ballast zu befreien)'는 몸 상태를 개선하고 소중히 한다(sein Körper geschont werden)는 의미입니다.

2. Der Begriff „Diät" bedeutet ursprünglich ··· **정답: b**

a. eine Reduktion des Körpergewichtes.
b. eine Kontrolle und ausgewogene Ernährung auf Dauer.
c. eine spezielle Zusammenstellung des Ernährungsprinzips.

2. '다이어트'라는 용어가 원래 의미하는 것은 ··· 이다.

a. 체중의 감량
b. 장기적인 통제와 균형 잡힌 식단
c. 영양 원리의 특별한 조합

TIPP über einen festlegten Zeitraum ≒ auf Dauer, „der Begriff"라는 단어가 나오면 주요 단어에 대한 개념 설명이 나오니, 늘 주의하도록 합시다.

③ Es gibt viele Arten von Diäten, die jeweils auf einem speziellen Ernährungsprinzip basieren. Die Bekanntesten sind unter anderem die Eiweiß-Diät und die Low-Carb-Diät.

④ Bei der Eiweiß-Diät verzichtet man auf Kohlenhydrate und konzentriert sich auf Eiweiße. Für diejenigen, die innerhalb kurzer Zeit den Muskelbau stärken und den Körper formen möchten, ist diese proteinreiche Ernährung empfehlenswert. Dazu zählen sowohl tierische als auch pflanzliche Eiweiße. Somit kann man sich dabei ausschließlich vegetarisch oder vegan ernähren. Eier, mageres Fleisch oder Milchprodukte sind hierfür gut geeignet. Die Low-Carb-Diät ist derzeit absolut im Trend, und deren Kernaussage ist, weniger Kohlenhydrate zu essen. Man beschränkt seine Kohlenhydrataufnahme auf maximal 26% seiner Gesamtkalorienzufuhr. Man nimmt zwar möglichst wenig Kohlenhydrate, aber dafür mehr eiweißreiche Lebensmittel zu sich: Fleisch, Fisch, Gemüse, Hülsenfrüchte und Milchprodukte. Allerdings soll man es mit den Verzichten auf komplexe Carbs nicht übertreiben!

3. Die Arten von Diät unterscheiden sich je nach verschiedenen Ernährungsprinzipien. **정답: Richtig**

3. 다이어트의 종류는 다양한 영양 원리에 따라서 구별된다.

TIPP sich unterscheiden nach et. : ~에 따라 나뉘다, 다양한 다이어트들이 각각의 영양 원리에 따라 기반을 두고 있다는 뜻은 여러 영양 원리로 나뉜다는 의미입니다.

---

4. Bei der Eiweiß-Diät handelt es sich darum, dass … **정답: a**

a. man über einen festgelegten Zeitraum auf Kohlenhydrate verzichtet und viel Protein zu sich nimmt.
b. man über einen festgelegten Zeitraum seine Kohlenhydrataufnahme reduziert.
c. man sich ausschließlich von eiweißreichenden Lebensmitteln zu sich nimmt.

4. 단백질 다이어트는 …

a. 일정 기간 동안 탄수화물을 지양하고 단백질을 섭취하는 것이다.
b. 일정 기간 동안 탄수화물의 섭취를 줄이는 것이다.
c. 단백질이 풍부한 음식만 섭취하는 것이다.

TIPP s. Eiweiß ≒ s. Protein

Moderator : Woran kann man es denn erkennen, welche Diät wirklich bei der Gewichtreduktion hilft? Nach welchen Kriterien soll man sich für eine Diät entscheiden?

Frau Dr. Schöneberger : Wir leben im Diät-Dschungel und tun uns damit schwer, einen Überblick zu behalten. Es lässt sich schwer beurteilen, welche Diät letztlich am besten für einen geeignet ist, weil alle Diäten Vor- und Nachteile haben. ⑤ Ziel ist es, dass man sich in seinem Körper wohl fühlt und die Ernährungsform wählen soll, die am besten zum eigenen Alltag passt.

Moderator : Frau Schöneberger, ich bedanke mich für das interessante Gespräch und wünsche allen Zuschauern viel Erfolg!

5. Die Diät ist perfekt, wenn … **정답: a**

a. die zur Lebensform passende Diätmethode ausgewählt wird.
b. der Körper sich an das neue Essverhalten angepasst hat.
c. die Gewichtreduktion innerhalb eines festgelegten Zeitraums erfolgt.

5. 다이어트는 … 할 때 완벽하다.

a. 라이프 스타일에 맞는 다이어트 방법을 선택할 때
b. 신체가 새로운 식습관에 적응할 때
c. 체중 감량이 일정한 기간 내 이루어졌을 때

TIPP am besten zum eigenen Alltag passt ≒ zur Lebensform passende Diätmethode
~ 할 때 완벽하다(Et. ist perfekt,wenn…)는 뜻은 곧 이상(Ideal)을 의미합니다.

mp3 파일을 듣고 빈칸에 알맞은 말을 쓰세요.

Moderator : Liebe Zuschauer, herzlich willkommen zu unserer Neujahrsendung! Mit Sicherheit haben Sie gute ________ fürs neue Jahr gefasst: Sie möchten sich entweder ________ oder ________ ernähren, das Gewicht halten oder sogar noch ein bisschen verlieren, und dieser Wunsch steht bei vielen Leuten ganz oben auf der Liste der Vorsätze fürs neue Jahr. Heute erklärt Frau Dr. Schöneberger, wie Ihr Wunsch in ________ ________ kann. Guten Abend, Frau Schöneberger, ich begrüße Sie. Um den Körper von ________ zu befreien, ______ ich selbst regelmäßig. Gehört das regelmäßige ________ ebenfalls zu einer Art von Diät?

Frau Dr. Schöneberger : Im ______ genommen bezeichnet der Begriff „Diät" eine Kontrolle und bewusste Ernährung, welche auf Dauer oder über einen ________ Zeitraum stattfinden kann. Ursprünglich liegt das Ziel der jeweiligen Diät nicht immer bei einer Reduktion des __________, aber viele halten es fürs Abnehmen. Es gibt viele _____ von Diäten, die jeweils ____ einem speziellen Ernährungsprinzip ________. Die Bekanntesten sind _____ ________ die Eiweiß-Diät und die Low-Carb-Diät. Bei der Eiweiß-Diät verzichtet man auf ________ und konzentriert sich auf Eiweiße. Für diejenigen, die innerhalb kurzer Zeit den ________ stärken und den Körper ________ möchten, ist diese proteinreiche Ernährung empfehlenswert. Dazu zählen sowohl tierische als auch pflanzliche Eiweiße. Somit kann man sich dabei ausschließlich vegetarisch oder vegan ernähren. Eier, ______ Fleisch oder Milchprodukte sind hierfür gut ______. Die Low-Carb-Diät ist derzeit absolut im ________, und deren ________ ist, weniger Kohlenhydrate zu essen. Man beschränkt seine Kohlenhydrataufnahme auf maximal 26% seiner __________. Man ________ zwar möglichst wenig Kohlenhydrate, aber dafür mehr eiweißreiche Lebensmittel ___ ____: Fleisch, Fisch, Gemüse, Hülsenfrüchte und Milchprodukte. Allerdings soll man es ____ den Verzichten auf komplexe Carbs nicht ________!

Moderator : Woran kann man es denn erkennen, welche Diät wirklich bei der Gewichtreduktion hilft? Nach welchen __________ soll man sich für eine Diät entscheiden?

Frau Dr. Schöneberger : Wir leben im Diät-__________ und tun ________ damit ________, einen Überblick zu behalten. Es lässt sich schwer __________, welche Diät letztlich am besten für einen geeignet ist, weil alle Diäten Vor- und Nachteile haben. ______ ist es, dass man sich in seinem Körper wohl fühlt und die __________ wählen soll, die am besten zum eigenen Alltag passt.

Moderator : Frau Schöneberger, ich bedanke mich für das interessante Gespräch und wünsche allen Zuschauern viel Erfolg!

Ich vergesse, was dahinten ist, und strecke mich aus nach dem, was da vorne ist.

뒤에 있는 것은 잊어버리고, 앞에 있는 것을 향해 뻗는다.
(나는 지나간 일을 잊어버리고, 앞으로 다가올 일을 대비한다.)

(필립보서 philipper 3,13)
[strecken sich (신체의 일부를)뻗다, 내밀다]

Lektion 12

건강 / 뉴스
코로나 바이러스에 대한 독일의 대응

Thema 오늘의 주제

Corona-Virus: Deutschlands Maßnahmen gegen die Krise

코로나 바이러스 : 독일이 위기에 대응하는 방식

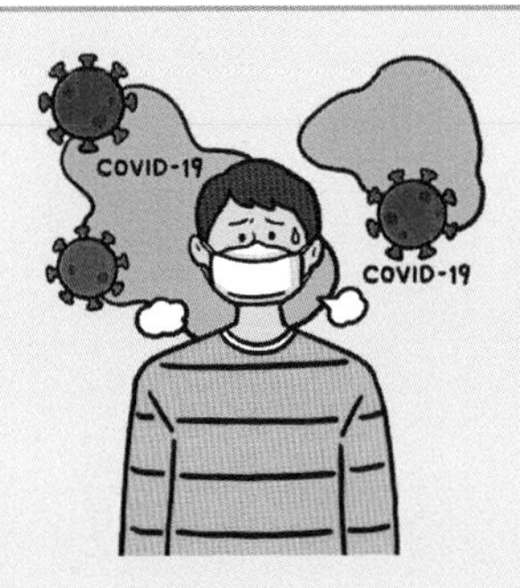

오늘은 세계적으로 유행했던 전염병인 코로나 바이러스에 대한 독일 뉴스를 듣고 문제를 풀어 보겠습니다.

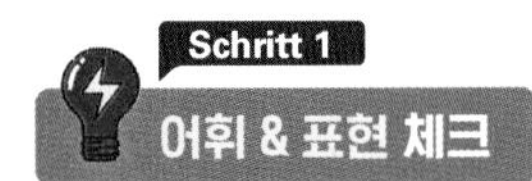

Schritt 1

어휘 & 표현 체크

오늘의 중요 어휘 및 표현들을 알아봅시다.

- auftauchen 나타나다
- sich anstecken (bei jdm) 감염되다, 옮다
- e. Eindämmung 제한, 억제, 방지
- sich ausbreiten 퍼지다, 확산되다
- ums Leben kommen 사망하다
- sich entwickeln (zu etw.) ~로 발전, 진화하다
- infizieren 전염, 감염시키다
- sich verbreiten 퍼뜨리다, 전파하다
- ins Spiel bringen 관련시키다, 끌어들이다
- in den Griff bekommen 다루다, 처리하다

mp3 음성을 듣고, 정답을 체크해 보세요.

Sie hören eine Nachricht im Radio.

Sie hören den Text einmal. Wählen Sie bei jeder Aufgabe die richtige Lösung.

1. Das Corona-Virus war vor dem Ausbruch als Lungenkrankheit schon bekannt.

☐ Richtig ☐ Falsch

2. Das Corona-Virus wird von der Weltgesundheitsorganisation zu …

a. einer unbekannten Lungenkrankheit gezählt, die sich später zur weltweiten Pandemie entwickelt hat.

b. einem der bestehenden Krankheitsfälle gezählt, die mittels ärztlicher Behandlung bekämpft werden können.

c. einer unbekannten Lungenentzündung gezählt, die unter älteren Menschen schnell ansteckend sein kann.

3. Der erste Infizierte in Deutschland wurde auf seiner Geschäftsreise in Schanghai angesteckt.

☐ Richtig ☐ Falsch

4. Die hier genannten Maßnahmen zur Eindämmung von der deutschen Regierung sind, …

a. private Treffen absolut zu verbieten.

b. eine Kampagne durchzuführen, um zwischenmenschliche Kontakte zu vermeiden und Bürger aufzufordern, eine Schutzmaske zu tragen.

c. diverse Hygieneartikel ausreichend zur Verfügung zu stellen.

5. Der verschärfte Lockdown wird eingeführt und dies bedeutet, dass …

a. private Treffen im eigenen Haushalt gefördert werden sollen.

b. alle Gastronomiebetriebe und der Einzelhandel vorübergehend geschlossen werden sollen.

c. man nachts nicht ohne Zweck rausgehen darf und ausschließlich im Homeoffice arbeiten muss.

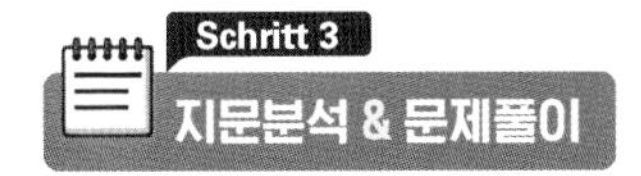

지문을 분석하며 문제에 대한 답을 확인하고, 답이 되는 이유를 살펴봅시다.

Nachrichtsprecher : ① Vor rund einem Jahr ist in der chinesischen Stadt Wuhan ein neuartiges Corona-Virus aufgetaucht. ② Kurze Zeit später sprach die Weltgesundheitsorganisation (WHO) von einer neuen Lungenkrankheit mit unbekannter Ursache, die sich zur globalen Pandemie entwickelt hat. Von ersten Krankheitsfällen in China hat sich das neue Corona-Virus ziemlich schnell weltweit verbreitet: Viele Millionen Menschen wurden infiziert, Hundertausende sind ums Leben gekommen. Für Sie haben wir die Corona-Pandemie in Deutschland chronologisch zusammengefasst. In Deutschland werden immer neue Ansteckungs- und Todesfälle im Zusammenhang mit dem Corona-Virus bekannt.

1. Das Corona-Virus war vor dem Ausbruch als Lungenkrankheit schon bekannt.

1. 코로나 바이러스는 발생 전 폐 질환으로 이미 알려져 있었다. **정답: Falsch**

TIPP 지문에서 이미 알려진 것이 아닌 새로운 유형의 코로나 바이러스(ein neuartiges Corona-Virus)가 출현하였다고 하였으므로 답은 Falsch가 됩니다.

---

2. Das Corona-Virus wird von der Weltgesundheitsorganisation zu … **정답: a**

a. einer unbekannten Lungenkrankheit gezählt, die sich später zur weltweiten Pandemie entwickelt hat.
b. einem der bestehenden Krankheitsfälle gezählt, die mittels ärztlicher Behandlung bekämpft werden können.
c. einer unbekannten Lungenentzündung gezählt, die unter älteren Menschen schnell ansteckend sein kann.

2. 코로나 바이러스는 세계보건기구에 의해…

a. 추후 세계적인 유행병으로 발전된, 알려지지 않은 폐 질환으로 간주되었다.
b. 치료로 해결할 수 있는 기존 질병 중 하나로 간주되었다.
c. 장년층 사이에서 빠르게 전염될 수 있는 알려지지 않은 폐렴으로 간주되었다.

TIPP einer neuen Lugenkrankheit ≒ einer unbekannten Lungenkrankheit / global ≒ weltweit

③ Am 27. Januar 2020 wurde in Bayern der erste Fall Deutschlands bekannt. Der Infizierte hatte sich bei einer chinesischen Kollegin aus Shanghai angesteckt, die mit ihm gemeinsam an einer Unternehmensschulung teilgenommen hatte. Seitdem hat sich das Virus ziemlich schnell ausgebreitet, und mittlerweile sind mehr als zwei Millionen Menschen in Deutschland an Corona infiziert gewesen oder noch infiziert.

④ Die Bundesregierung und auch die privaten Unternehmen haben verschiedene Maßnahmen eingeführt, darunter fallen besonders zwischenmenschliche Kontaktverbote und das Tragen einer Schutzmaske. Darüber hinaus hat Deutschland von Anfang an auf folgenden Grundsatz zur Corona-Pandemie gesetzt: Wir bleiben zuhause. Dabei ist es wichtig, zwischenmenschliche Kontakte bis auf Weiteres deutlich zu minimieren oder besser noch gänzlich zu vermeiden.

3. Der erste Infizierte in Deutschland wurde auf seiner Geschäftsreise in Schanghai angesteckt.

정답: Falsch

3. 독일에서 처음으로 감염된 사람은 상하이 출장에서 감염되었다.

TIPP 첫 감염자는 상하이 출장에서 감염된 것이 아니라, 상하이에서 온 중국인 동료로부터 감염되었습니다.

4. Die hier genannten Maßnahmen zur Eindämmung von der deutschen Regierung sind, …

정답: b

a. private Treffen absolut zu verbieten.
b. eine Kampagne durchzuführen, um zwischenmenschliche Kontakte zu vermeiden und Bürger aufzufordern, eine Schutzmaske zu tragen.
c. diverse Hygieneartikel ausreichend zur Verfügung zu stellen.

4. 여기에서 언급된 독일 정부가 언급한 격리 조치는…

a. 사적인 만남은 절대적으로 금지한 것
b. 대인 간 접촉을 피하고 시민들이 보호 마스크를 착용하도록 장려하는 캠페인을 진행한 것
c. 다양한 위생용품을 충분하게 제공하는 것

TIPP 만남을 자제하고, 마스크를 착용하는 것이라고 직접적으로 제시되었습니다.

Was die Maßnahmen und deren Umsetzung betrifft, kooperieren Bund und Länder nach wie vor aktiv und haben sämtliche gemeinsame Corona-Regeln zusammengestellt, die jedoch nach dem föderalistischen Prinzip je nach Bundesland unterschiedlich umgesetzt werden. Das heißt, der Bund stellt Aufgaben und die Länder erfüllen diese auf individuelle Weise nach eigenem Ermessen. Zur Eindämmung des Virus haben Bund und Länder neben den Hygiene-Regeln mit Abstandshaltung sowie dem Tragen einer Schutzmaske den Lockdown ins Spiel gebracht. Private Treffen im öffentlichen Raum sind auf den eigenen und einen weiteren Haushalt reduziert, und insgesamt dürfen sich maximal bis zu fünf Personen treffen, dabei werden Kinder bis einschließlich 14 Jahre bei der Berechnung der Personenzahl nicht mitgezählt. Gastronomie und Einzelhandel, der nicht Waren des täglichen Bedarfs anbietet, bleiben geschlossen oder dürfen Gerichte ausschließlich zum Mitnehmen anbieten.

Da sich bisher über 2 Millionen Menschen mit dem Corona-Virus infiziert haben und täglich mehr als 20.000 Neuinfektionen gemeldet werden, wollen Bund und Länder über zusätzliche Regeln beraten, ⑤ um die Corona-Lage in den Griff zu bekommen, und den Lockdown vermutlich um nächtliche Ausgangssperre und Homeoffice-Pflicht verschärft verlängern. Private Treffen werden nur im Kreis der Angehörigen des eigenen Hausstandes und maximal einer weiteren nicht im Haushalt lebenden Personen gestattet.

5. Der verschärfte Lockdown wird eingeführt und dies bedeutet, dass ⋯ **정답: c**

a. private Treffen im eigenen Haushalt gefördert werden sollen.
b. alle Gastronomiebetriebe und der Einzelhandel vorübergehend geschlossen werden sollen.
c. man nachts nicht ohne Zweck rausgehen darf und ausschließlich im Homeoffice arbeiten muss.

5. 강화된 사회 봉쇄 조치가 도입되었으며 이는 ⋯ 을 의미한다.

a. 각 가정에서의 개인적인 모임이 장려되어야 한다는 것
b. 모든 식당과 소매점이 일시적으로 폐쇄되어야 한다는 것
c. 목적 없이 밤에 외출할 수 없으며 오로지 재택근무를 해야 한다는 것

TIPP zusätzliche Regeln ≒ Der verschärfte Lockdown

mp3 파일을 듣고 빈칸에 알맞은 말을 쓰세요.

Nachrichtsprecher : Vor rund einem Jahr ist in der chinesischen Stadt Wuhan ein ________ Corona-Virus ________. Kurze Zeit später sprach die Weltgesundheitsorganisation (WHO) von einer neuen ________ mit unbekannter Ursache, die sich zur globalen ________ entwickelt hat. Von ersten Krankheitsfällen in China hat ________ das neue Corona-Virus ziemlich schnell weltweit ________: Viele Millionen Menschen wurden ________, Hundertausende sind ________ ________ gekommen. Für Sie haben wir die Corona-Pandemie in Deutschland ________ zusammengefasst.

In Deutschland werden immer neue Ansteckungs- und Todesfälle im Zusammenhang mit dem Corona-Virus bekannt. Am 27. Januar 2020 wurde in Bayern der erste Fall Deutschlands bekannt. Der ________ hatte sich bei einer chinesischen Kollegin aus Shanghai ________, die mit ihm gemeinsam an einer Unternehmensschulung teilgenommen hatte. Seitdem hat ________ das Virus ziemlich schnell ________, und mittlerweile sind mehr als zwei Millionen Menschen in Deutschland ________ Corona ________ gewesen oder noch infiziert. Die Bundesregierung und auch die privaten Unternehmen haben verschiedene ________ eingeführt, darunter fallen besonders ________ Kontaktverbote und das Tragen einer Schutzmaske. Darüber hinaus hat Deutschland von Anfang an auf folgenden ________ zur Corona-Pandemie gesetzt: Wir bleiben zuhause. Dabei ist es wichtig, zwischenmenschliche Kontakte ____ ____ ________ deutlich zu minimieren oder besser noch ________ zu vermeiden.

Was die Maßnahmen und deren ________ betrifft, ________ Bund und Länder nach wie vor aktiv und haben sämtliche gemeinsame Corona-Regeln zusammengestellt, die jedoch nach dem ________ Prinzip je nach Bundesland unterschiedlich umgesetzt werden. Das heißt, der Bund stellt Aufgaben und die Länder erfüllen diese auf individuelle Weise nach eigenem __________. Zur __________ des Virus haben Bund und Länder neben den Hygiene-Regeln mit ________________ sowie dem Tragen einer Schutzmaske den Lockdown ins ______ __________. Private Treffen im öffentlichen Raum sind auf den eigenen und einen weiteren Haushalt reduziert, und insgesamt dürfen sich maximal bis zu fünf Personen treffen, dabei werden Kinder bis einschließlich 14 Jahre bei der __________ der Personenzahl nicht mitgezählt. Gastronomie und Einzelhandel, der nicht Waren des täglichen Bedarfs anbietet, bleiben geschlossen oder dürfen Gerichte _______________ zum Mitnehmen anbieten.

Da sich bisher über 2 Millionen Menschen mit dem Corona-Virus infiziert haben und täglich mehr als 20.000 _____________ gemeldet werden, wollen Bund und Länder über zusätzliche Regeln __________, um die Corona-Lage in _____ _______ zu bekommen, und den __________ vermutlich um nächtliche Ausgangssperre und Homeoffice-Pflicht verschärft verlängern. Private Treffen werden nur im Kreis der __________ des eigenen Hausstandes und maximal einer weiteren nicht im Haushalt lebenden Personen gestattet.

Lektion 13

예술 / 전문가 인터뷰
불행했던 세 음악가

 오늘의 주제

Drei berühmte Komponisten: Traurige Schicksalsschläge
세 유명한 작곡가 : 비극적 운명

독일과 오스트리아는 음악의 도시입니다. 가장 유명한 작곡가인 모차르트, 베토벤, 슈베르트의 생애와 공통점 등에 대한 인터뷰를 듣고 문제를 풀어 봅시다.

Schritt 1

어휘 & 표현 체크

오늘의 중요 어휘 및 표현들을 알아봅시다.

- r. Komponist 작곡가
- r. Zugang (zu et.) 접근, 권한
- introvertiert 내향적인
- hardern (mit et.) 불만을 품다
- über seine Verhältnisse leben 형편에 맞지 않게 살다
- s. Schicksal 운명
- e. Begabung 재능, 소질
- peu à peu 점차적으로
- im Alter von ~의 나이에

mp3 음성을 듣고, 정답을 체크해 보세요.

Sie hören ein Gespräch im Radio.

Sie hören den Text einmal. Wählen Sie bei jeder Aufgabe die richtige Lösung.

1. Die Stadt Wien ist nach wie vor für klassische Musik bekannt.

☐ Richtig ☐ Falsch

2. Berühmte Musiker wie Mozart, Beethoven und Schubert haben es gemeinsam, dass …

a. sie in Wien gemeinsam viele Opern gespielt haben.

b. sie als Musiker bedeutende Spuren hinterlassen aber jedoch etwas Unglück im Leben erlebt haben.

c. sie alle unter finanziellen Schwierigkeiten gelitten haben.

3. Wolfgang Amadeus Mozart …

a. ist nach Deutschland gezogen und hat mit von seiner Begabung viele Stücke komponiert.

b. hat viele großartige Opern wie die 9. Sinfonie geschrieben.

c. hat lebenslang in finanzieller Not gelebt und ist nach seinem Tod in einem Armengrab beerdigt worden.

4. Ludwig van Beethoven …

a. ist in Deutschland geblieben und hat berühmte Opern wie Don Giovanni geschrieben.

b. war fast sein ganzes Leben lang taub und hat sich immer mehr introvertiert verhalten.

c. war ein extrovertierter Musiker, der viel Lebensfreude hatte.

5. Franz Schubert …

a. hat ein festes Vorbild, Wolfgang Amadeus Mozart.

b. hat zahlreiche berühmte Werke komponiert, aber ständig in Elend gelebt.

c. starb im Alter von 56 Jahren an Leberzirrhose.

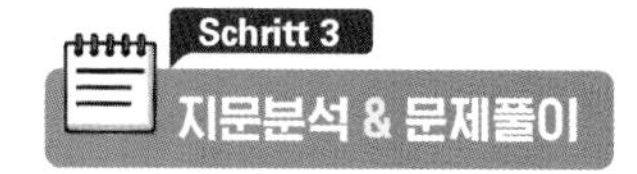

지문을 분석하며 문제에 대한 답을 확인하고, 답이 되는 이유를 살펴봅시다.

Moderatorin : Herzlich willkommen bei „Klassik im Garten". ① An Wien führt kein Weg vorbei, wenn man von klassischer Musik spricht. Einige der berühmtesten Komponisten aller Zeiten wie Wolfgang Amadeus Mozart, Ludwig van Beethoven und Franz Schubert haben hier in Wien sowohl bedeutende als auch markante Spuren hinterlassen. ② Eine weitere Gemeinsamkeit dieser Komponisten ist, dass sie alle vom Schicksal hart getroffen wurden. Herr Becker, erzählen Sie uns etwas über Mozarts Biografie.

1. Die Stadt Wien ist nach wie vor für klassische Musik bekannt. **정답**: Richtig

1. 비엔나는 여전히 클래식 음악으로 유명하다.

TIPP '어떠한 길도 OO를 그냥 지나가지 않는다'는 표현은 그만큼 매우 유명하다는 의미입니다.

2. Berühmte Musiker wie Mozart, Beethoven und Schubert haben es gemeinsam, dass … **정답**: b

a. sie in Wien gemeinsam viele Opern gespielt haben.
b. sie als Musiker bedeutende Spuren hinterlassen aber jedoch etwas Unglück im Leben erlebt haben.
c. sie alle unter finanziellen Schwierigkeiten gelitten haben.

2. 모차르트, 베토벤, 슈베르트와 같은 유명한 음악가들의 공통점은…

a. 그들이 비엔나에서 함께 많은 오페라를 연주했다는 것
b. 그들이 음악가로서 중요한 족적을 남겼지만 인생에서 약간의 불행을 경험한 것
c. 그들이 모두 재정적인 어려움을 겪었다는 것

TIPP Unglück im Leben erleben ≒ vom Schicksal hart getroffen werden

Herr Becker : Mozart war ein Genie und spielte schon mit 6 Jahren auf dem Klavier vor begeisterten Adligen und komponierte kleine Stücke. Der gebürtige Salzburger zog nach Wien, um sich unabhängig zu machen und schrieb viele großartige Opern: Don Giovanni und die Hochzeit des Figaro etc. ③ Trotz seines Erfolges war er bis zu seinem Tod ständig in finanziellen Notlagen, weil er über seine Verhältnisse lebte. Entgegen seiner Berühmtheit brachten ihn nur wenige Begleiter bei Schnee und Regen bis zum Stubentor am Stadtrand, und er landete in einem der Armengräber.

3. Wolfgang Amadeus Mozart ··· **정답: c**

a. ist nach Deutschland gezogen und hat mit von seiner Begabung viele Stücke komponiert.

b. hat viele großartige Opern wie die 9. Sinfonie geschrieben.

c. hat lebenslang in finanzieller Not gelebt und ist nach seinem Tod in einem Armengrab beerdigt worden.

3. 볼프강 아마데우스 모차르트는···

a. 독일로 건너가 그의 재능으로 많은 작품을 작곡했다.

b. 9번 교향곡과 같은 많은 훌륭한 오페라를 작곡했다.

c. 평생 재정적인 어려움을 가지고 살았으며, 사망 후 가난한 자들을 위한 무덤에 묻혔다.

TIPP in et. beerdigt werden ≒ in et. landen

Moderatorin : Hat der weltbekannte Ludwig van Beethoven hier auch schlechte Zeiten erlebt?

Herr Becker : Trotz seiner blühenden Karriere war er privat ständig in schlechten Phasen. Der gebürtige Deutsche kam nach Wien, und dank seiner musikalischen Begabung bekam er schnell Zugang zu Adligen. Unglücklicherweise litt er bereits fast seit dem Anfang seiner Karriere an Schwerhörigkeit, die dann wenige Jahren später zu völliger Taubheit führte. Als er seine weltberühmte 9. Sinfonie komponierte, war er bereits komplett taub. ④ Diese Taubheit schränkte sein Leben massiv ein und stürzte ihn in eine schwere Lebensphase. Im Alltag war er oft extrem launisch und zog sich peu à peu vom gesellschaftlichen Leben zurück. Er starb im Alter von 56 Jahren an Leberzirrhose.

4. Ludwig van Beethoven … **정답: b**

a. ist in Deutschland geblieben und hat berühmte Opern wie Don Giovanni geschrieben.
b. war fast sein ganzes Leben lang taub und hat sich immer mehr introvertiert verhalten.
c. war ein extrovertierter Musiker, der viel Lebensfreude hatte.

4. 루트비히 판 베토벤은…

a. 독일에 머물면서 돈 지오반니와 같은 유명한 오페라를 작곡했다.
b. 거의 평생 동안 귀머거리였고, 점점 더 내성적으로 변모했다.
c. 인생을 즐기는 외향적인 음악가였다.

TIPP sich zurückziehen ≒ sich introvertiert verhalten

Moderatorin : Wie sah denn das Leben von Franz Schubert aus?

Herr Becker : Er eiferte seinem großen Vorbild Ludwig van Beethoven nach, und obwohl er schon im Alter von 31 Jahren starb, ⑤ hinterließ er ein reiches und vielfältiges Werk. Er hatte mit dem übermächtigen Ludwig van Beethoven schwer zu kämpfen, der mit seinen Werken neue Standards für die Musik geschaffen hatte. Schubert haderte oft mit seinen eigenen Kompositionen, sodass einige seiner Werke nur unvollendet überliefert sind. Lange litt er unter Syphilis und Alkoholsucht und kämpfte ständig gegen das Elend. Er schrieb sogar selbst: *„Ich fühle mich als den unglücklichsten, elendsten Menschen der Welt.“*

5. Franz Schubert … **정답: b**

a. hat ein festes Vorbild, Wolfgang Amadeus Mozart.
b. hat zahlreiche berühmte Werke komponiert, aber ständig in Elend gelebt.
c. starb im Alter von 56 Jahren an Leberzirrhose.

5. 프란츠 슈베르트는…

a. 볼프강 아마데우스 모차르트를 확고한 롤모델로 삼았다.
b. 수많은 유명한 작품을 작곡했지만, 끊임없는 불행 속에서 살았다.
c. 56세에 간경변으로 사망했다.

TIPP reiches und vielfältiges Werk ≒ zahlreiche (berühmte) Werk
슈베르트는 계속해서 곤경 속에 살았으며, 스스로도 가장 불행하고 가난한 사람이라고 말했습니다.

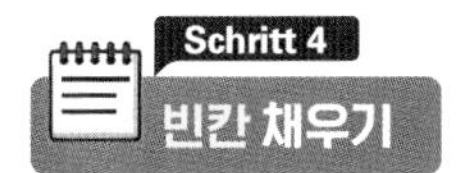

mp3 파일을 듣고 빈칸에 알맞은 말을 쓰세요.

Moderatorin : Herzlich willkommen bei „Klassik im Garten". An Wien ______ kein Weg __________, wenn man von klassischer Musik spricht. Einige der berühmtesten Komponisten aller Zeiten wie Wolfgang Amadeus Mozart, Ludwig van Beethoven und Franz Schubert haben hier in Wien sowohl __________ als auch __________ Spuren hinterlassen. Eine weitere Gemeinsamkeit dieser Komponisten ist, dass sie alle vom __________ hart getroffen wurden. Herr Becker, erzählen Sie uns etwas über Mozarts __________.

Herr Becker : Mozart war ein __________ und spielte schon mit 6 Jahren auf dem Klavier vor begeisterten __________ und komponierte kleine Stücke. Der gebürtige Salzburger zog nach Wien, um sich unabhängig zu machen und schrieb viele großartige Opern: Don Giovanni und die Hochzeit des Figaro etc. Trotz seines Erfolges war er bis zu seinem Tod ständig in finanziellen __________, weil er __________ seine __________ lebte. Entgegen seiner Berühmtheit brachten ihn nur wenige Begleiter bei Schnee und Regen bis zum Stubentor am Stadtrand, und er landete in einem der Armengräber.

Moderatorin : Hat der weltbekannte Ludwig van Beethoven hier auch schlechte Zeiten erlebt?

Herr Becker : Trotz seiner __________ Karriere war er privat ständig in schlechten Phasen. Der gebürtige Deutsche kam nach Wien, und dank seiner musikalischen __________ bekam er schnell __________ zu Adligen. Unglücklicherweise litt er bereits fast seit dem Anfang seiner Karriere an Schwerhörigkeit, die dann wenige Jahren später zu völliger __________ führte. Als er seine weltberühmte 9. Sinfonie komponierte, war er bereits komplett taub. Diese Taubheit schränkte sein Leben __________ ein und stürzte ihn in eine schwere Lebensphase. Im Alltag war er oft extrem __________ und zog sich ______________________ vom gesellschaftlichen

Leben zurück. Er starb im Alter von 56 Jahren an Leberzirrhose.

Moderatorin : Wie sah denn das Leben von Franz Schubert aus?

Herr Becker : Er ___________ seinem großen Vorbild Ludwig van Beethoven ___________, und obwohl er schon im Alter von 31 Jahren starb, hinterließ er ein reiches und vielfältiges Werk. Er hatte mit dem ___________ Ludwig van Beethoven schwer zu kämpfen, der mit seinen ___________ neue Standards für die Musik geschaffen hatte. Schubert ___________ oft ______ seinen eigenen Kompositionen, sodass einige seiner Werke nur ___________ überliefert sind. Lange litt er unter Syphilis und Alkoholsucht und kämpfte ständig gegen das _________. Er schrieb sogar selbst: *„Ich fühle mich als den unglücklichsten, ___________ Menschen der Welt."*

Man soll den Tag nicht vor dem Abend loben.

밤이 되기 전에 하루의 재수를 논하지 말라.

(Friedrich von Schiller. 독일의 극작가, 1759-1805)

[loben 찬양하다]

Lektion 14

예술 / 강의
계이름을 발명한 사람

오늘의 주제

Wer hat die Namen der Tonsilben erfunden?
누가 계이름을 발명했을까?

계이름은 모두가 배우기 쉽고, 익히는 데 오랜 시간을 필요로 하지 않습니다. 하지만 과거에는 이러한 음의 단위를 익히는 것이 쉽지 않았다고 해요. 오늘은 계이름의 발명에 대한 강의를 듣고 문제를 풀어 보겠습니다.

Schritt 1

어휘 & 표현 체크

오늘의 중요 어휘 및 표현들을 알아봅시다.

- r. Choral 교회에서 부르는 성가
- e. Strophe (음악의) 절
- auswendig lernen 외우다
- sich durchsetzen 확고히 자리잡다
- außer Gebrauch kommen (낡아서) 사용하지 않다
- r. Einschnitt 부분
- sich merken ~를 기억하다
- sich von et. herleiten ~에서 유래하다
- im Nachhinein 추후에, 뒤늦게
- zur Anwendung bringen ~를 사용하다

mp3 음성을 듣고, 정답을 체크해 보세요.

Sie hören einen Vortrag im Radio.
Sie hören den Text einmal. Wählen Sie bei jeder Aufgabe die richtige Lösung.

1. Vor der Erfindung hatten die Schüler von Arezzo Schwierigkeiten, weil ···

a. sich das alte Notensystem schwer verstehen ließ.
b. man sich damals mit allen Melodien auseinandersetzen musste, und dafür viel Zeit in Anspruch genommen wurde.
c. die Melodien im Notensystem gefehlt haben.

2. Der Mönch Guido von Arezzo aus Italien hat die Tonsilbe erfunden.

☐ Richtig ☐ Falsch

3. Bei der Notenschrift befinden sich ···

a. zwei Linien, auf denen verschiedene Töne gezeichnet werden.
b. die tiefen Töne unterhalb und die hohen oberhalb.
c. vier Linien, auf denen die Töne gezeichnet werden.

4. Die einzelnen Töne wurden ···

a. aus den Einschnitten der ersten Strophe der Johannes-Hymne entnommen.
b. von Anfang an Do, Re, Mi, Fa, Sol, La, Si genannt und haben sich im Laufe der Zeit nicht geändert.
c. weltweit einheitlich eingeführt und verwendet.

5. Die Töne der Tonleiter Do, Re, Mi etc. wurden ···

a. in Deutschland sehr verbreitet.
b. sich in romanischen Ländern gängig durchgesetzt.
c. weltweit als Einheit der Noten anerkannt und verwendet.

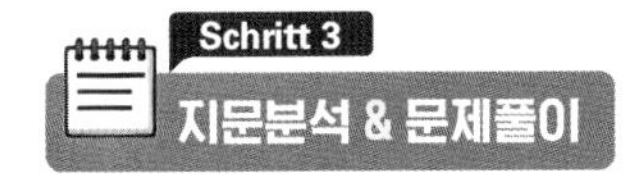

Schritt 3

지문분석 & 문제풀이

지문을 분석하며 문제에 대한 답을 확인하고, 답이 되는 이유를 살펴봅시다.

Vortragender : Wir hören oft klassische Musik, aber haben uns bis jetzt nie mit den fundamentalen Fragen beschäftigt: Wer hat die Tonsilben erfunden, und weshalb werden die Töne Do, Re, Mi usw. genannt? Im 11. Jahrhundert arbeitete der Mönch Guido von Arezzo als Gesangslehrer in der italienischen Stadt Arezzo. ① Die Schüler damals mussten alle Melodien auswendig lernen und brauchten in der Regel über zehn Jahre, um sämtliche Choräle zu erlernen. Mit der neuen Erfindung wollte er seinen Schülern behilflich sein, damit sie ein Höchstmaß an Lernzeit sparen können. ②③ Er begann zuerst ein Notensystem mit vier Linien zu gestalten, auf denen er die Noten zeichnete, und schrieb dabei noch die Melodien auf.

1. Vor der Erfindung hatten die Schüler von Arezzo Schwierigkeiten, weil … **정답: b**

a. sich das alte Notensystem schwer verstehen ließ.
b. man sich damals mit allen Melodien auseinandersetzen musste, und dafür viel Zeit in Anspruch genommen wurde.
c. die Melodien im Notensystem gefehlt haben.

1. 발명 전 아레초의 학생들은 … 때문에 어려움을 겪었다.

a. 오래된 음계 체계를 이해하기 어려웠기 때문에
b. 그 당시에 모든 멜로디를 외우는데 몰두해야 했고 또한 그것을 위해 많은 시간이 소요되었기 때문에
c. 멜로디가 음계 체계에서 누락되었기 때문에

TIPP sich mit et. auseinandersetzen은 '몰두하다'라는 뜻입니다. 당시 학생들은 모든 멜로디를 외우는데 몰두해야 했고, 일반적으로 많은 시간이 소요되었습니다.

2. Der Mönch Guido von Arezzo aus Italien hat die Tonsilbe erfunden.

2. 이탈리아 출신의 귀도 폰 아레초가 음절을 발명했다. **정답: Richtig**

TIPP 귀도 폰 아레초는 먼저 4줄의 보표와 음표를 그리며 음계를 발명했습니다.

③ Bei dieser Notenschrift befinden sich die tiefen Töne unten und die hohen oben, so, wie wir es auch heute kennen. Im Nachhinein wurde diese Notenschrift um eine zusätzliche Linie ergänzt. Außerdem erfand er noch eine Technik, um sich die Noten leicht zu merken. ④ Die Benennung der einzelnen Töne sind aus den Einschnitten der ersten Strophe der heiligen lateinischen Johannes-Hymne entnommen: Ut, Re, Mi, Fa, Sol, La. Die Benennung der Töne nach diesen von Guido von Arezzo zur Anwendung gebrachten Silben, derer man sich ehemals als Textunterlage bei Singübungen allgemein bediente, wird fachlich „Solmisation" genannt und bildet eine Klangvorstellung der Stufen und Intervalle.

3. Bei der Notenschrift befinden sich ⋯ **정답: b**

a. zwei Linien, auf denen verschiedene Töne gezeichnet werden.
b. die tiefen Töne unterhalb und die hohen oberhalb.
c. vier Linien, auf denen die Töne gezeichnet werden.

3. 음계 체계에서 ⋯를 찾을 수 있다.

a. 다양한 음이 표기되는 두 개의 선
b. 낮은 음은 아래에 위치하고, 높은 음은 위에 위치하는 것
c. 음이 표기되는 네 개의 선

TIPP 처음에 4개의 줄로 제작되었으나, 후에 1줄이 추가되어 총 5줄이 되었으므로, a와 c는 정답이 아닙니다.

4. Die einzelnen Töne wurden ⋯ **정답: a**

a. aus den Einschnitten der ersten Strophe der Johannes-Hymne entnommen.
b. von Anfang an Do, Re, Mi, Fa, Sol, La, Si genannt und haben sich im Laufe der Zeit nicht geändert.
c. weltweit einheitlich eingeführt und verwendet.

4. 개별 음절은 ⋯

a. 요하네스 송가 첫 절의 부분에서 발췌한 것이다.
b. 처음부터 도,레,미,파,솔,라,시로 불렸으며, 시간이 지나도 변하지 않았다.
c. 전 세계적으로 통일되어 적용되고 있다.

TIPP 'Do'는 처음에 'Ut'으로 제작되었으나, 발음상의 문제로 'Do'로 변경되었고 'Si' 또한 나중에 추가되었습니다. 또한 이 음계는 독일과 영미 권에서는 잘 사용되지 않으므로, b와 c는 정답이 아닙니다.

Da die ehemalige Solmisation über sehr komplizierte Regeln verfügte, kam sie durch das in der zweiten Hälfte des 17. Jahrhunderts eingeführte Hexachord bei uns außer Gebrauch. Dabei wurde die Silbe Ut aufgrund der schwierigen Aussprache später durch Do von Dominus, Lateinische „Gott", ersetzt. Ebenfalls wurde eine siebte Note zwischen La und Do hinzugefügt und in Si benannt, welches sich von den zusammengezogenen Worten Sante Iohannes (Johannes) herleitet. ⑤ Während die Bezeichnung der Töne der Tonleiter Do, Re Mi etc. in Frankreich sowie in anderen romanischen Ländern gebräuchlich wurden, haben sie sich in Deutschland sowie im englischsprachigen Raum kaum durchgesetzt. Stattdessen werden in diesen Ländern die Buchstaben des Alphabets verwendet: C, D, E, F, G, A, H (im englischsprachigen Raum B).

5. Die Töne der Tonleiter Do, Re, Mi etc. wurden … **정답: b**

a. in Deutschland sehr verbreitet.
b. sich in romanischen Ländern gängig durchgesetzt.
c. weltweit als Einheit der Noten anerkannt und verwendet.

5. 음계의 음절인 도,레,미 등은…

a. 독일에서는 매우 널리 전파되었다.
b. 로만 민족 국가에서 통용되어 확고히 자리잡았다.
c. 전 세계적으로 음표의 단위로 인식되고 사용된다.

(TIPP) gebräuchlich ≒ gängig

mp3 파일을 듣고 빈칸에 알맞은 말을 쓰세요.

Vortragender : Wir hören oft klassische Musik, aber haben uns bis jetzt nie mit den __________ Fragen beschäftigt: Wer hat die __________ erfunden, und weshalb werden die Töne Do, Re, Mi usw. genannt? Im 11. Jahrhundert arbeitete der Mönch Guido von Arezzo als Gesangslehrer in der italienischen Stadt Arezzo. Die Schüler damals mussten alle Melodien __________ __________ und brauchten in der Regel über zehn Jahre, um sämtliche __________ zu erlernen. Mit der neuen Erfindung wollte er seinen Schülern behilflich sein, damit sie ein ____________ an Lernzeit sparen können. Er begann zuerst ein __________ mit vier Linien zu gestalten, auf denen er die Noten zeichnete, und schrieb dabei noch die __________ auf. Bei dieser Notenschrift befinden sich die tiefen Töne unten und die hohen oben, so, wie wir es auch heute kennen. _____ __________ wurde diese Notenschrift _____ eine zusätzliche Linie __________. Außerdem erfand er noch eine Technik, um sich die Noten leicht zu merken. Die Benennung der einzelnen Töne sind aus den __________ der ersten Strophe der heiligen lateinischen Johannes-Hymne entnommen: Ut, Re, Mi, Fa, Sol, La. Die Benennung der Töne nach diesen von Guido von Arezzo _____ __________ __________ Silben, derer man sich ehemals als Textunterlage bei Singübungen allgemein bediente, wird fachlich „Solmisation" genannt und bildet eine Klangvorstellung der Stufen und Intervalle. Da die ehemalige Solmisation ______ sehr komplizierte Regeln __________, kam sie durch das in der zweiten Hälfte des 17. Jahrhunderts eingeführte Hexachord bei uns ______ __________. Dabei wurde die Silbe Ut aufgrund der schwierigen __________ später durch Do von Dominus, Lateinische „Gott", ersetzt. Ebenfalls wurde eine siebte Note zwischen La und Do hinzugefügt und in Si benannt, welches ________ von den zusammengezogenen Worten Sante Iohannes (Johannes) __________. Während die Bezeichnung der Töne der Tonleiter Do, Re Mi etc. in Frankreich sowie in anderen romanischen Ländern __________ wurden, haben sie _____ in Deutschland sowie im englischsprachigen Raum ______ __________. Stattdessen werden in diesen Ländern die Buchstaben des Alphabets verwendet: C, D, E, F, G, A, H (im englischsprachigen Raum B).

Lektion 15

예술 / 전문가 인터뷰
패션쇼에 숨겨진 이야기

오늘의 주제

Geschichte der Modenschau
패션쇼 이야기

패션쇼는 언제부터 시작되었을까요? 그리고 패션쇼에 등장하는 옷들은 평소에 입기에 너무 화려하지 않나요? 오늘은 패션쇼에 관한 전문가의 인터뷰를 듣고 문제를 풀어 보겠습니다.

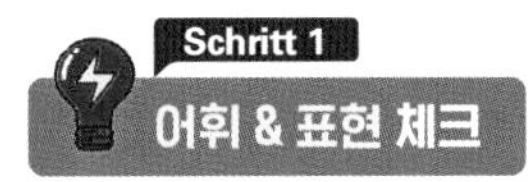

오늘의 중요 어휘 및 표현들을 알아봅시다.

- r. Entwurf 초안
- gehoben 고급스러운
- drapieren 주름잡다, (천으로) 장식하다
- erobern 정복하다
- auf dem Laufenden halten 최신 정보를 제공하다
- ausgefallen 이상한, 진기한
- s. Unikat 유일한 것
- abstrakt 추상적인
- vorführen 보여주다, 선보이다
- sich et. anschaffen ~를 구입하다

mp3 음성을 듣고, 정답을 체크해 보세요.

Sie hören ein Interview mit einem Experten.

Sie hören den Text einmal. Wählen Sie bei jeder Aufgabe die richtige Lösung.

1. Der englische Modedesigner Charles Frederick Worth hat sein erstes Modehaus in Lyon gegründet.

☐ Richtig ☐ Falsch

2. Der Modedesigner Charles Frederick Worth hat anfangs …

a. seine Kleider zuerst auf Mannequins in seinem Modehaus, bzw. vor dem Ladentisch angezogen.

b. die drapierten Mannequins auf die Laufstege vor seinem Modehaus gestellt.

c. seine Kleiderentwürfe bei der Vorführung zur Puppengrüße eingerichtet.

3. Die ursprüngliche Form der Modenschau ist in Frankreich zu finden.

☐ Richtig ☐ Falsch

4. Die bekanntesten Modenschauen sind Haute-Couture, Prêt-à-porter, Plus-Size und die New York Fashion Week.

☐ Richtig ☐ Falsch

5. Der interviewte Designer findet, der aktuelle Zweck von Modenschauen bestehe darin, …

a. mehr saisonale Mode zu verkaufen, indem die neue Kollektion vor Publikum präsentiert werde.

b. eine Designermarke hervorzuheben, indem die Show-Bühnen mit auffälligen Dekorationen geschmückt werden.

c. angehenden Designern ihren ersten Bühnenauftritt zu ermöglichen.

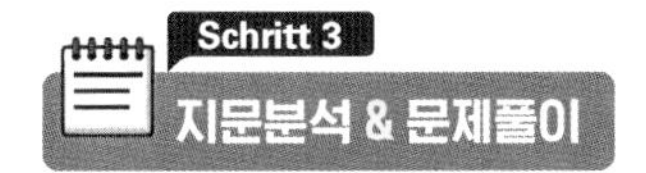

지문을 분석하며 문제에 대한 답을 확인하고, 답이 되는 이유를 살펴봅시다.

Moderatorin : Dieses Jahr findet wiederkehrend die Berliner Fashion Week statt, und wir möchten Sie hinsichtlich der aktuellen Modetrends auf dem Laufenden halten! Bevor wir in die eigentlichen Inhalte einsteigen, ist es Zeit für einige grundlegende Fragen in Bezug auf die Modenschau. Herr Kretschmer, vielen Dank für Ihre Bereitschaft, an dem Interview teilzunehmen. Meine erste Frage betrifft die Entstehung von Modenschauen. Wann entstanden eigentlich Modenschauen?

Herr Kretschmer : Wenn man von Modenschau spricht, meinte man im Allgemeinen die gehobene Pariser Schneiderkunst und ihre maßgeschneiderten Unikate. Diese Kreationen werden auf Mannequins drapiert und Saison für Saison über die Laufstege getragen. ① Der englische Moderschöpfer Charles Frederick Worth hat das erste Modehaus in der Rue de la Paix, Paris gegründet und die ganze Modewelt mit dem französischen Geschmack erobert.

1. Der englische Modedesigner Charles Frederick Worth hat sein erstes Modehaus in Lyon gegründet. **정답: Falsch**

1. 영국의 패션 디자이너 찰스 프레데릭 워스는 리옹에 첫 패션 하우스를 설립했다.

TIPP Moderschöpfer ≒ Modedesigner, Lyon이 아닌 Paris입니다.

②③ Als Erster ließ er seine Modelle von einem Mannequin vor dem Ladentisch vorführen und präsentieren. ③ Zuvor wurden die Entwürfe von Kollektionen nur an Puppen gezeigt. Deshalb wurde seine Vorführung damals „Vorführung am lebenden Objekt" genannt. Diese Vorführung hatte den Vorteil, dass seine Kundinnen die Entwürfe seiner Kollektion gleich nacharbeiten lassen konnten, da sie bereits auf den Körper geschneidert wurden. Heutzutage versteht man unter einer Modeschau eine Veranstaltung, bei der Kleidermode durch Models auf dem Laufsteg, dem Catwalk, präsentiert wird. ④ Die berühmtesten Modenschauen sind Haute-Couture, Prêt-à-porter und die

Plus-Size Modenschau. Erstere findet zweimal jährlich in Paris und die anderen in den Modemetropolen NewYork, Mailand und London etc. statt.

Moderatorin : Wenn ich mir Modenschauen so anschaue, finde ich die Kleider so abstrakt und ausgefallen, dass sich viele wie ich die Frage stellen könnten, ob sich jemand solche Kleider anschaffen wird. Was ist denn der Zweck von Modenschauen?

2. Der Modedesigner Charles Frederick Worth hat anfangs … **정답: a**

a. seine Kleider zuerst auf Mannequins in seinem Modehaus, bzw. vor dem Ladentisch angezogen.

b. die drapierten Mannequins auf die Laufstege vor seinem Modehaus gestellt.

c. seine Kleiderentwürfe bei der Vorführung zur Puppengrüße eingerichtet.

2. 패션 디자이너 찰스 프레데릭 워스는 처음에 …

a. 우선 그의 의상을 의상실 카운터 앞 여자 모델에게 입혔다.

b. 의상이 입혀진 마네킹은 그의 의상실 앞 런웨이에 세워졌다.

c. 시연 시 그의 의상 디자인을 인형 크기에 맞게 설정했다.

TIPP seine Modelle ≒ seine Kleider / präsentieren ≒ anzeigen
문항에서 말하는 'Mannequins'는 인형이 아닌 실제 사람 모델을 의미합니다.

3. Die ursprüngliche Form der Modenschau ist in Frankreich zu finden.

3. 패션쇼의 원래 형태는 프랑스에서 찾을 수 있다. **정답: Richtig**

TIPP 프랑스 파리에서 인형에 옷을 입히는 것이 아닌, 살아있는 물체(lebenden Objekt)를 발표했고, 이는 패션쇼의 최초의 형태가 됩니다.

4. Die bekanntesten Modenschauen sind Haute-Couture, Prêt-à-porter, Plus-Size und die New York Fashion Week. **정답: Falsch**

4. 가장 유명한 패션쇼는 오뜨꾸뛰르, 쁘레따뽀르떼, 플러스 사이즈 패션쇼 그리고 뉴욕 패션 위크이다.

TIPP 'New York Fashion Week'는 포함되지 않기 때문에 정답은 Falsch입니다. (Prêt-à-porter와 Plus-Size가 뉴욕, 밀라노와 런던 등에서 개최됩니다.)

Herr Kretschmer : Der ursprüngliche Sinn und Zweck ist einfach die Mode zu verkaufen, und dazu die neue Kollektion im besten Licht zu präsentieren und auf eine andere Ebene zu heben. ⑤ Die modernen Modenschauen erfüllen hingegen längst einen anderen Zweck, nämlich die Designermarke in den Vordergrund zu stellen. Aus diesem Grund konzentrieren sich die Modehäuser auf Show-Dekorationen, die eventuell als verschwenderisch betrachtet werden könnten.

Moderatorin : Herr Kretschmer, vielen Dank für das Interview!

5. Der interviewte Designer findet, der aktuelle Zweck von Modenschauen bestehe darin, … **정답: b**

a. mehr saisonale Mode zu verkaufen, indem die neue Kollektion vor Publikum präsentiert werde.
b. eine Designermarke hervorzuheben, indem die Show-Bühnen mit auffälligen Dekorationen geschmückt werden.
c. angehenden Designern ihren ersten Bühnenauftritt zu ermöglichen.

5. 인터뷰한 디자이너가 생각하는 현재 패션쇼의 목적은 …

a. 관객 앞에서 새로운 컬렉션을 보여줌으로써 더 많은 시즌 패션을 판매하는 것이다.
b. 시선을 사로잡는 방식으로 패션쇼 무대를 장식하여 디자이너 브랜드를 강조하는 것이다.
c. 장래 예비 디자이너들에게 데뷔 무대를 제공할 수 있도록 하는 것이다.

TIPP in den Vordergrund stellen ≒ hervorheben

mp3 파일을 듣고 빈칸에 알맞은 말을 쓰세요.

Vortragender : Dieses Jahr findet __________ die Berliner Fashion Week statt, und wir möchten Sie __________ der aktuellen Modetrends auf dem Laufenden halten! Bevor wir in die eigentlichen Inhalte einsteigen, ist es Zeit für einige grundlegende Fragen ______ __________ ______ die Modenschau. Herr Kretschmer, vielen Dank für Ihre Bereitschaft, an dem Interview teilzunehmen. Meine erste Frage betrifft die __________ von Modenschauen. Wann entstanden eigentlich Modenschauen?

Herr Kretschmer : Wenn man von Modenschau spricht, meinte man im Allgemeinen die __________ Pariser Schneiderkunst und ihre maßgeschneiderten __________. Diese Kreationen werden auf Mannequins __________ und Saison für Saison über die Laufstege getragen. Der englische Moderschöpfer Charles Frederick Worth hat das erste Modehaus in der Rue de la Paix, Paris gegründet und die ganze Modewelt mit dem französischen Geschmack __________. Als Erster ließ er seine Modelle von einem Mannequin vor dem Ladentisch __________ und präsentieren. Zuvor wurden die __________ von Kollektionen nur an Puppen __________. Deshalb wurde seine __________ damals „Vorführung am lebenden Objekt" genannt. Diese Vorführung hatte den Vorteil, dass seine Kundinnen die ____________________ seiner Kollektion gleich __________ lassen konnten, da sie bereits auf den Körper _______________ wurden. Heutzutage versteht man unter einer Modeschau eine Veranstaltung, bei der Kleidermode durch Models auf dem __________, dem Catwalk, präsentiert wird. Die __________ Modenschauen sind Haute-Couture, Prêt-à-porter und die Plus-Size Modenschau. Erstere findet zweimal jährlich in Paris und die anderen in den ____________ New York, Mailand und London etc. statt.

Moderatorin : Wenn ich mir Modenschauen so anschaue, finde ich die Kleider so _______ und ____________, dass sich viele wie ich die Frage stellen könnten, ob sich jemand solche Kleider anschaffen wird. Was ist denn der Zweck von Modenschauen?

Herr Kretschmer : Der ursprüngliche Sinn und Zweck ist einfach die Mode zu verkaufen, und dazu die neue ___________ im besten Licht zu präsentieren und auf eine andere Ebene zu ___________. Die modernen Modenschauen erfüllen ____________ längst einen anderen Zweck, nämlich die Designermarke _________ _______________ _________________ zu stellen. Aus diesem Grund konzentrieren sich die Modehäuser auf Show-Dekorationen, die eventuell als _______________________ betrachtet werden könnten.

Moderatorin : Herr Kretschmer, vielen Dank für das Interview!

Wir denken selten an das, was wir haben, aber immer an das, was uns fehlt.

우리는 우리가 갖고 있는 것에 대해서는 잘 생각하지 않고,
우리가 갖고 있지 않은 것에 대해서는 늘상 생각한다.

(Arthur Schopenhauer, 독일의 철학가, 1788-1860)

Lektion 16

교육, 실용 / 전문가 인터뷰
학교의 다문화 교육이 필요한가?

오늘의 주제

Interkulturelle Kompetenz in der Schule
학교에서의 다문화적 능력

교실에서 다양한 인종이 섞여 수업을 듣는 것은 이제 놀랄 만한 일이 아니죠. 오늘은 학교에서 다문화적 능력의 필요성과 지향점에 대한 전문가 인터뷰를 듣고 문제를 풀어 보겠습니다.

Schritt 1
어휘 & 표현 체크

오늘의 중요 어휘 및 표현들을 알아봅시다.

- multikulturell 다문화적인
- demographischer Wandel 인구통계학적 변화
- e. Bildungseinrichtung 교육 기관
- pluralistisch 다원주의의
- mit jdm/et. konfrontieren ~와 마주치다, 직면하다
- r. Migrationshintergrund 이주 배경
- kulturelle Vielfalt 문화의 다양성
- e. Stereotypisierung 선입견 생성
- mit et. umgehen ~을 다루다
- auf et. hinweisen~ ~을 가리키다, 단서를 주다

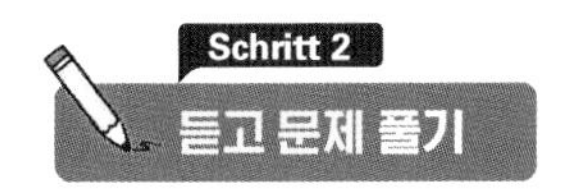

mp3 음성을 듣고, 정답을 체크해 보세요.

Sie hören ein Interview mit einer Person aus der Wissenschaft.
Sie hören den Text einmal. Wählen Sie bei jeder Aufgabe die richtige Lösung.

1. **Aufgrund der Vielfalt der Gesellschaft ist interkulturelle Kompetenz in der Schule stark gefragt.**

   ☐ Richtig ☐ Falsch

2. **Die Schule ist ein Ort, an dem Kinder mit Gleichheit von Sprache und Kultur konfrontiert sind.**

   ☐ Richtig ☐ Falsch

3. **Interkulturelle Kompetenz bedeutet, …**

   a. die Fähigkeit, die zur Stereotypisierung der Herkunft beiträgt.
   b. die Fähigkeit, die zur Gestaltung einer homogenen Gesellschaft beiträgt.
   c. die Wahrnehmung kultureller Einflüsse auf die eigene Verhaltensweise und die Verhaltensweise von anderen Menschen.

4. **„Interkulturelle Kompetenz" in Schule führt dazu, dass …**

   a. die aus Sprache, Kultur und Religion entstehenden Unterschiede früh bekanntgemacht und keine aus der Herkunft basierenden Vorurteile aufgebaut werden.
   b. Schüler mit Migrationshintergrund in anderweitigen Bildungseinrichtungen untergebracht werden.
   c. Lehrkräfte Schülern mit Migrationshintergrund deutsche Normen und Werte vermitteln.

5. **Lehrkräfte benötigen interkulturelle Kompetenz, weil …**

   a. sie in Bildungseinrichtungen Schüler mit unterschiedlichem Charakter unterrichten müssen.
   b. kulturelle Unterschiede viele erziehungsrelevante Probleme verursachen können und Lehrkräfte dementsprechend angemessen reagieren können müssen.
   c. sie in der Lage sind, zu vermitteln, dass manche Kulturen über andere Kultur stehen.

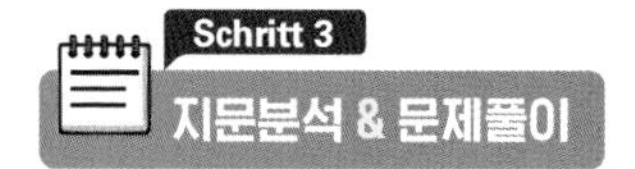

지문을 분석하며 문제에 대한 답을 확인하고, 답이 되는 이유를 살펴봅시다.

Moderator : Schon längst leben wir in multikulturellen und bunten Gesellschaften. Vor allem in Großstädten begegnet man oftmals den Auswirkungen der Globalisierung, nämlich Migration und demographischer Wandel, da sie im Vergleich zu kleinen Gemeinden wirtschaftlich und kulturell auffallend stärker ausgeprägt sind. ① Angesichts zunehmender kultureller Vielfalt in deutschen Schulen wird nun mehr gefordert, dass Lehrer*innen und Schüler*innen interkulturelle Kompetenz entwickeln müssen. Bei mir sitzt Frau Mia Groß, Dozentin für interkulturelle Kompetenz in Schule und Weiterbildung. Frau Groß, halten Sie interkulturelle Kompetenz wichtig für deutsche Schulen?

Frau Groß : Selbstverständlich. ② Die Schule ist ein Ort, an dem Heranwachsende regelmäßig über lange Zeiträume mit Vielfalt und Verschiedenheit, z.B. Sprache, Kultur, und Religion konfrontiert sind.

※ Lehrer*innen, Schüler*innen = Lehrer und Lehrerinnen, Schüler und Schülerinnen

1. Aufgrund der Vielfalt der Gesellschaft ist interkulturelle Kompetenz in der Schule stark gefragt. **정답: Richtig**

1. 사회의 다양성으로 인해 다문화적 역량이 매우 요구된다.

TIPP mehr gefordert werden ≒ stark gefragt sein

2. Die Schule ist ein Ort, an dem Kinder mit Gleichheit von Sprache und Kultur konfrontiert sind. **정답: Falsch**

2. 학교는 아이들이 언어와 문화의 단순함과 직면하는 곳이다.

TIPP mit Vielfalt und Verschiedenheit ≠ mit Gleichheit

③ Psychologisch betrachtet, versteht man unter dem Begriff „interkulturelle Kompetenz" die Bewusstmachung kultureller Einflüsse auf das eigene Verhalten und das Verhalten anderer. Ich bin der Meinung, dass interkulturelle Kompetenz möglichst früh in Bildungseinrichtungen ausgebaut werden sollte, ④ da interkulturelles Lernen Stereotypisierung der Herkunft verhindert und Kinder und Jugendliche dazu motiviert und befähigt, an der Gestaltung pluralistischer und demokratischer Gesellschaften mitzuwirken.

3. Interkulturelle Kompetenz bedeutet … **정답: c**

a. die Fähigkeit, die zur Stereotypisierung der Herkunft beiträgt.
b. die Fähigkeit, die zur Gestaltung einer homogenen Gesellschaft beiträgt.
c. die Wahrnehmung kultureller Einflüsse auf die eigene Verhaltensweise und die Verhaltensweise von anderen Menschen.

3. 다문화 역량이란 … 이다.

a. 출신지의 고정관념을 생성하는 데 기여하는 능력
b. 동질한 사회를 만드는 데 기여하는 능력
c. 나의 행동과 타인의 행동의 문화적 영향을 인식하는 것

TIPP 다문화 역량이란 나와 타인의 행동의 문화적 영향을 인식하는 것입니다.
bedeuten ≒ unter et. verstehen / e. Bewusstmachung ≒ e. Wahrnehmung /
s. Verhalten ≒ e. Verhaltensweise

---

4. „Interkulturelle Kompetenz" in Schule führt dazu, dass … **정답: a**

a. die aus Sprache, Kultur und Religion entstehenden Unterschiede früh bekanntgemacht und keine aus der Herkunft basierenden Vorurteile aufgebaut werden.
b. Schüler mit Migrationshintergrund in anderweitigen Bildungseinrichtungen untergebracht werden.
c. Lehrkräfte Schülern mit Migrationshintergrund deutsche Normen und Werte vermitteln.

4. 학교에서의 다문화적 능력은 …을 야기한다.

a. 언어, 문화, 종교에서 발생하는 차이를 일찍 인식하고, 출신에 기반한 편견이 형성되지 않는 것
b. 이주 배경을 가진 학생들이 다른 교육 기관으로 이송되는 것
c. 교사들이 이주 배경을 가진 학생들에게 독일의 규범과 가치를 전달하는 것

TIPP e. Stereotypisierung ≒ e. Vorurteile

Moderator : In vielen deutschen Schulen ist es bereits der Fall, dass Lehrer und Schüler unterschiedlicher Herkunft, geprägt von verschiedenen Normen und Werten, unter einem Dach lehren und lernen. Finden Sie es ebenso wichtig, dass Lehrer interkulturell ausgebildet werden, um mit kulturellen Unterschieden und daraus entstehenden Problemen angemessen umgehen zu können?

Frau Groß : Ob Lehrkräfte interkulturelle Kompetenz benötigen, ist heute umstritten, aber meines Erachtens benötigen sie sie definitiv. Dafür sollte ein passendes Trainings- und Fortbildungsprogramm für Lehrkräfte angeboten werden. ⑤ Da kulturelle Vielfalt auch viele pädagogische Probleme verursachen kann, sollten Lehrer*innen sich darum bemühen, kulturelle Unterschiede sensibel und flexibel zu managen und pädagogisch angemessen zu reagieren. Zum Beispiel in Krisenfällen zwischen Schülern aufgrund verschiedener Religionen müssen sie in der Lage sein, die Schüler neutral auf die moralischen und kulturellen Werte Deutschlands hinzuweisen: keine Gewalt, und alle Menschen sind gleichwertig.

Moderator : Herzlichen Dank für die Erläuterung!

5. Lehrkräfte benötigen interkulturelle Kompetenz, weil … **정답: b**

a. sie in Bildungseinrichtungen Schüler mit unterschiedlichem Charakter unterrichten müssen.

b. kulturelle Unterschiede viele erziehungsrelevante Probleme verursachen können und Lehrkräfte dementsprechend angemessen reagieren können müssen.

c. sie in der Lage sind, zu vermitteln, dass manche Kulturen über andere Kultur stehen.

5. 교사들은 다문화적 능력이 필요한데 그 이유는…

a. 다양한 성격의 학생들을 교육 기관에서 교육해야 하기 때문이다.

b. 문화적 차이가 많은 교육 관련 문제를 야기할 수 있으며, 따라서 교사들이 적절하게 대응할 수 있어야 하기 때문이다.

c. 그들이 어떤 문화들이 다른 문화보다 우월하다는 것을 전달할 수 있기 때문이다.

TIPP e. Vielfalt ≒ e. Unterschiede / pädagogische ≒ erziehungsrelevante

mp3 파일을 듣고 빈칸에 알맞은 말을 쓰세요.

Moderator : Schon längst leben wir in __________ und bunten Gesellschaften. Vor allem in Großstädten begegnet man oftmals den __________ der Globalisierung, nämlich Migration und __________ __________, da sie im Vergleich zu kleinen Gemeinden wirtschaftlich und kulturell auffallend stärker __________ sind. Angesichts zunehmender kultureller Vielfalt in deutschen Schulen wird nun mehr gefordert, dass Lehrer*innen und Schüler*innen __________ __________ entwickeln müssen. Bei mir sitzt Frau Mia Groß, Dozent für interkulturelle Kompetenz in Schule und Weiterbildung. Frau Groß, halten Sie interkulturelle Kompetenz wichtig für deutsche Schulen?

Frau Groß : Selbstverständlich. Die Schule ist ein Ort, an dem __________ regelmäßig über lange Zeiträume mit __________ und Verschiedenheit, z.B. Sprache, Kultur, und Religion __________ sind. Psychologisch betrachtet versteht man unter dem Begriff „interkulturelle Kompetenz" die __________ kultureller Einflüsse auf das eigene Verhalten und das Verhalten anderer. Ich bin der Meinung, dass interkulturelle Kompetenz möglichst früh in Bildungseinrichtungen __________ werden sollte, da interkulturelles Lernen __________ der Herkunft verhindert und Kinder und Jugendliche dazu __________ und befähigt, an der Gestaltung __________ und demokratischer Gesellschaften mitzuwirken.

Moderator : In vielen deutschen Schulen ist es bereits der Fall, dass Lehrer und Schüler unterschiedlicher Herkunft, geprägt von verschiedenen __________ und __________, unter einem Dach lehren und lernen. Finden Sie es ebenso wichtig, dass Lehrer interkulturell __________ werden, um mit kulturellen Unterschieden und daraus entstehenden Problemen angemessen __________ zu können?

Frau Groß : Ob Lehrkräfte interkulturelle Kompetenz benötigen, ist heute ___________, aber meines Erachtens benötigen sie sie definitiv. Dafür sollte ein passendes Trainings- und Fortbildungsprogramm für Lehrkräfte angeboten werden. Da ___________ ___________ auch viele pädagogische Probleme verursachen kann, sollten Lehrer*innen sich darum bemühen, kulturelle Unterschiede ___________ und flexibel zu managen und pädagogisch angemessen zu reagieren. Zum Beispiel in Krisenfällen zwischen Schülern aufgrund verschiedener Religionen müssen sie in der Lage sein, die Schüler ___________ auf die ___________ und kulturellen Werte Deutschlands hinzuweisen: keine ___________, und alle Menschen sind gleichwertig.

Moderator : Herzlichen Dank für die Erläuterung!

Lektion 17

교육, 실용 / 전문가 인터뷰
조기 교육의 실효성

오늘의 주제

Frühkindliche Förderung
조기 교육

조기 교육은 과연 아동을 위한 것일까요? 오늘은 조기 교육의 효과 및 장단점에 대한 인터뷰를 듣고 문제를 풀어 보겠습니다.

Schritt 1 어휘 & 표현 체크

오늘의 중요 어휘 및 표현들을 알아봅시다.

- umfassen 포괄하다
- fundamental 기초적인, 기본적인
- überlassen 맡기다
- sich lohnen ~할 만한 가치가 있다
- et. mit sich bringen 포함하다, 수반하다
- e. Betreuung 돌봄, 보호
- qualitativ 질적으로
- übertrieben 과장된, 지나친
- verlangen (nach et.) 소원하다, 갈망하다

mp3 음성을 듣고, 정답을 체크해 보세요.

Sie hören ein Interview mit einer Person aus der Wissenschaft.
Sie hören den Text einmal. Wählen Sie bei jeder Aufgabe die richtige Lösung.

1. Frühkindliche Förderung umfasst das Alter vom zweiten Lebensjahr bis zum Schuleintritt.

☐ Richtig ☐ Falsch

2. Bei frühkindlicher Förderung handelt es sich um …

a. die Förderung der geistigen und kulturellen Entwicklung der Kinder, und in Deutschland findet sie meistens im Ausland statt.
b. die Förderung der geistigen und kulturellen Entwicklung der Kinder, und in Deutschland findet sie meistens in staatlichen Bildungseinrichtungen statt.
c. die Förderung der von Geburt begabten Kinder, und sie findet in Formen von diversen Kinderförderungsprogrammen statt.

3. Experten betrachten frühkindliche Förderung als …

a. eine grundlegende Basis für die Weiterbildung und Entwicklung des Kindes.
b. eine Talentförderung, die später zu einer erfolgreichen Bildungskarriere führt.
c. erforderliches Mittel für Bildungsprozesse in der Grundschule.

4. Experten sind der Meinung, dass …

a. Kinder zum großen Teil ihr Wissens erst im Bildungssystem erwerben.
b. frühzeitig durchgeführte Förderung und Erziehung der Kinder zu guten Chancen mit besseren Schulleistungen führt.
c. Kinder im Vorschulalter unabhängig von den elterlichen Einflüssen sind und ihre Vorzüge selbst bestimmen können.

5. Ein genannter Nachteil frühkindlicher Förderung ist, dass …

a. die Eltern kindliche Förderung meistens innerhalb von Zuhause durchführen.
b. die Kinder selbst nach einer zusätzlichen Beschäftigung verlangen.
c. die Eltern die Bildungsmaßnahmen nur externen Institutionen überlassen.

지문을 분석하며 문제에 대한 답을 확인하고, 답이 되는 이유를 살펴봅시다.

Moderator : Der Wunsch, sein eigenes Kind so früh und so gut wie möglich zu fördern hat sich in letzter Zeit sehr verbreitet. Was genau versteht man unter frühkindlicher Förderung? Frau Dr. Carola Wiesemann, Dozentin im Fachbereich Erziehungs- und Bildungswissenschaften Universität Frankfurt, erklärt uns dies nun ausführlich. Herzlich willkommen Frau Wiesemann!

Frau Dr. Wiesemann : ① Frühkindliche Förderung umfasst im Prinzip alle Maßnahmen zur Bildung und Förderung von Kindern von der Geburt bis zum sechsten Lebensjahr bzw. seinem Schuleintritt. ② Hierbei handelt es sich vor allem um die Förderung der geistigen, moralischen sowie kulturellen Entwicklung der Kinder, und in Deutschland findet frühkindliche Erziehung besonders in folgenden Formen statt: Betreuung in Kinderkrippe und Kindergarten, verschiedene Vorschulangebote und diverse Kinderprogramme in Vereinen.

1. Frühkindliche Förderung umfasst das Alter vom zweiten Lebensjahr bis zum Schuleintritt. **정답: Falsch**

1. 조기 교육은 2세부터 학교 입학까지의 연령을 포괄한다.

TIPP 2살부터 학교 입학 전이 아닌, 태어날 때부터 학교 입학 전(6살)입니다.

2. Bei frühkindlicher Förderung handelt es sich um … **정답: b**

a. die Förderung der geistigen und kulturellen Entwicklung der Kinder, und in Deutschland findet sie meistens im Ausland statt.
b. die Förderung der geistigen und kulturellen Entwicklung der Kinder, und in Deutschland findet sie meistens in staatlichen Bildungseinrichtungen statt.
c. die Förderung der von Geburt begabten Kinder, und sie findet in Formen von diversen Kinderförderungsprogrammen statt.

2. 조기 교육은…

a. 아동의 지적, 문화적 발달의 촉진이며, 독일에서는 대부분 해외에서 이루어진다.
b. 아동의 지적, 문화적 발달의 촉진이며, 독일에서는 주로 공교육 기관에서 이루어진다.
c. 태생부터 재능을 지닌 아이들의 장려책이며, 다양한 아동 장려 프로그램의 형태로 이루어진다.

TIPP b문항의 in staatlichen Bildungseinrichtungen(공교육)은 지문의 Kinderkrippe(탁아소)와 Kindergarten(유치원) 등을 가리킵니다.

Moderator: ③ Was halten Experten davon? Und falls sie dafür sind: Warum lohnt sich überhaupt frühkindliche Förderung im Vorschulalter? Bringt dies nicht eventuell auch große Nachteile mit sich?

Frau Dr. Wiesemann : Frühkindliche Förderung ist deshalb wichtig, da sie eben die fundamentale Basis für die spätere Bildung und Entwicklung des Kindes legt und im Vorschulalter Kompetenzen vermitteln, die zu einer erfolgreichen Bildungskarriere in der Schule führen. Es ist wissenschaftlich bewiesen, dass Kinder nur einen kleinen Teil ihres Wissens im Bildungssystem erwerben, und die Wurzeln aller Bildungsprozesse in Grundschule, Jugend und Leben bereits davor in frühester Kindheit liegen.

3. Experten betrachten frühkindliche Förderung als … **정답: a**

a. eine grundlegende Basis für die Weiterbildung und Entwicklung des Kindes.
b. eine Talentförderung, die später zu einer erfolgreichen Bildungskarriere führt.
c. erforderliches Mittel für Bildungsprozesse in der Grundschule.

3. 전문가들은 조기 교육을 …(이)라고 간주한다.

a. 아동의 추가 교육 및 발달을 위한 기본적인 토대
b. 추후 성공적인 교육 경쟁력으로 이어지는 재능의 촉진
c. 초등학교의 교육 과정에 필요한 수단

TIPP fundamentale ≒ grundlegende , e. spätere Bildung ≒ e. Weiterbildung

Aus diesem Grund vertreten ④ Experten die Meinung, dass eine qualitativ hochwertige frühkindliche Bildung, Betreuung und Erziehung der Kinder von Anfang an bis zum Beginn des Schulalters zu gleichen oder besseren Chancen mit besseren Schulleistungen führt.

Gleichzeitig kann frühkindliche Förderung auch kritisch betrachtet werden, nämlich dann, wenn Eltern ihre Kinder, unabhängig vom Charakter der Kinder, unbewusst derart beeinflussen wollen, dass sie ihre eigenen unerfüllten Wünsche erreichen. ⑤ Ein weiterer Nachteil ist, dass Eltern die Förderung nur externen Institutionen überlassen. Wenn die Bildungsmaßnahmen meist außerhalb von Zuhause stattfinden, kann das Ganze den Stresspegel bei Kindern enorm erhöhen. Zusammenfassend möchte ich sagen, dass Eltern eine Balance finden, frühkindliche Förderung nicht in einem übertriebenen Maße einrichten und sich einfach Zeit lassen sollten, bis das Kind selbst nach einer Zusatzbeschäftigung verlangt.

4. Experten sind der Meinung, dass … **정답: b**

a. Kinder zum großen Teil ihr Wissens erst im Bildungssystem erwerben.

b. frühzeitig durchgeführte Förderung und Erziehung der Kinder zu guten Chancen mit besseren Schulleistungen führt.

c. Kinder im Vorschulalter unabhängig von den elterlichen Einflüssen sind und ihre Vorzüge selbst bestimmen können.

4. 전문가들의 … (이)라는 의견이다.

a. 아동은 그들의 지식 중 대부분을 비로소 교육 시스템에서 습득한다.

b. 조기에 이루어진 아동의 장려와 교육은 더 나은 학교 성적과 함께 좋은 기회로 이어진다.

c. 취학 전 아동은 부모의 영향과 무관하며, 선호 사항을 스스로 결정할 수 있다.

TIPP frühkindliche ≒ frühzeitig

---

5. Ein genannter Nachteil frühkindlicher Förderung ist, dass … **정답: c**

a. die Eltern kindliche Förderung meistens innerhalb von Zuhause durchführen.

b. die Kinder selbst nach einer zusätzlichen Beschäftigung verlangen.

c. die Eltern die Bildungsmaßnahmen nur externen Institutionen überlassen.

5. 언급된 조기 교육의 단점은 …

a. 부모가 일반적으로 가정 내에서 조기 교육을 수행한다는 것이다.

b. 아동 스스로 추가적인 사항을 요청한다는 것이다.

c. 부모가 외부 기관에만 교육을 맡긴다는 것이다.

TIPP e. Förderung ≒ e. Bildungsmaßnahmen

mp3 파일을 듣고 빈칸에 알맞은 말을 쓰세요.

Moderator : Der Wunsch, sein eigenes Kind so früh und so gut wie möglich zu __________ hat _____ in letzter Zeit sehr __________. Was genau versteht man unter frühkindlicher Förderung? Frau Dr. Carola Wiesemann, Dozentin im Fachbereich Erziehungs- und Bildungswissenschaften Universität Frankfurt, erklärt uns dies nun __________. Herzlich willkommen Frau Wiesemann!

Frau Dr. Wiesemann : Frühkindliche Förderung __________ im Prinzip alle Maßnahmen zur Bildung und Förderung von Kindern von der Geburt bis zum sechsten Lebensjahr bzw. seinem __________. Hierbei handelt es sich vor allem um die Förderung der __________, moralischen sowie kulturellen Entwicklung der Kinder, und in Deutschland findet frühkindliche Erziehung besonders in folgenden Formen statt: __________ in Kinderkrippe und Kindergarten, verschiedene __________ und diverse Kinderprogramme in Vereinen.

Moderator : Was halten Experten davon? Und falls sie dafür sind: Warum __________ __________ überhaupt frühkindliche Förderung im Vorschulalter? __________ dies nicht eventuell auch große Nachteile _______ __________?

Frau Dr. Wiesemann : Frühkindliche Förderung ist deshalb wichtig, da sie eben die __________ Basis für die spätere Bildung und Entwicklung des Kindes legt und im __________ Kompetenzen vermitteln, die zu einer erfolgreichen Bildungskarriere in der Schule führen. Es ist wissenschaftlich __________, dass Kinder nur einen kleinen Teil ihres Wissens im Bildungssystem erwerben, und die Wurzeln aller Bildungsprozesse in Grundschule, Jugend und Leben bereits davor in frühester __________ liegen. Aus diesem Grund vertreten Experten die Meinung, dass eine qualitativ __________ frühkindliche Bildung, __________ und Erziehung der Kinder von Anfang an bis zum Beginn des Schulalters zu gleichen oder besseren Chancen mit besseren __________ führt. Gleichzeitig kann frühkindliche Förderung auch kritisch betrachtet werden, nämlich dann, wenn Eltern ihre Kinder, unabhängig vom Charakter der Kinder, unbewusst derart __________ wollen, dass sie ihre eigenen __________ Wünsche erreichen. Ein weiterer Nachteil ist, dass Eltern die Förderung nur __________ Institutionen __________. Wenn die Bildungsmaßnahmen meist außerhalb von Zuhause stattfinden, kann das Ganze den __________ bei Kindern enorm erhöhen. Zusammenfassend möchte ich sagen, dass Eltern eine __________ finden, frühkindliche Förderung nicht in einem übertriebenen Maße einrichten und sich einfach Zeit lassen sollten, bis das Kind selbst __________ einer Zusatzbeschäftigung __________.

Es fällt keine Eiche vom ersten Streich.

떡갈나무는 한 번 찍어서는 쓰러지지 않는다. (첫술에 배부르랴)

(독일 속담)

[e. Eiche 떡갈나무, e. Streich 타격, 때림]

Lektion 18

교육, 실용 / 다인 인터뷰
독일의 엘리트 대학교

오늘의 주제

Deutschlands Eliteuniversitäten

독일의 엘리트 대학교

미국이나 한국과 마찬가지로 독일에도 엘리트 대학교로 불리는 몇몇 대학들이 있습니다. 오늘은 엘리트 대학교에 대한 전문가와 학생의 인터뷰를 듣고 문제를 풀어 보겠습니다.

Schritt 1

어휘 & 표현 체크

오늘의 중요 어휘 및 표현들을 알아봅시다.

- s. Entscheidungskriterium 결정, 선정 기준
- verleihen 수여하다
- außeruniversitär 대학 외의
- einen guten Ruf haben 평판, 명성이 좋다
- anlocken 꾀다, 유혹하다
- benachteiligen 불이익, 손해를 끼치다
- sich auszeichnen 두드러지다, 출중하다
- unter Druck stehen 압력을 받다

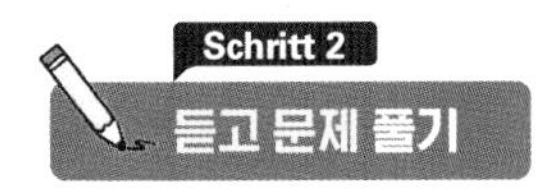

mp3 음성을 듣고, 정답을 체크해 보세요.

Sie hören ein Interview im Radio.

Sie hören den Text einmal. Wählen Sie bei jeder Aufgabe die richtige Lösung.

1. Eine Eliteuiversität kann ebenfalls als Spitzenuniversität bezeichnet werden.

☐ Richtig ☐ Falsch

2. Eine Eliteuiversität steht meistens unter finanziellen Druck.

☐ Richtig ☐ Falsch

3. Was zeichnet sich eine Eliteuniversität aus?

a. Herausragende Qualität der Wissenschaftspflege

b. Hohe Studiengebühren und Semesterbeiträge

c. Platzierung im Mittelfeld der Hochschulrankings

4. Mit der Idee der Eliteuniversitäten beabsichtigt man, dass …

a. deutsche Universitäten in vollem Maße gefördert werden, um Lehr- und Lernqualität zu verbessern.

b. einige auserwählte Universitäten vom Staat gefördert werden sollen, um weltweit einen guten Ruf zu bekommen.

c. deutsche Universitäten direkt mit anderen Universitäten verglichen werden, um Verbesserungspunkte zu finden.

5. Die Studentin äußert sich kritisch, weil …

a. ihre Hochschule nicht zu einer der Eliteuniversitäten gehört.

b. die Lernangebote an Eliteuniversitäten oft nicht vielfältig sind.

c. das Konzept der Eliteuniversität zu gesellschaftlichen Diskrepanzen führen kann.

지문을 분석하며 문제에 대한 답을 확인하고, 답이 되는 이유를 살펴봅시다.

Moderatorin : Nachdem man seine Hochschulreife erworben hat, überlegt man sich, an einer Hochschule bzw. Universität zu studieren. Wie in den USA gibt es in Deutschland sogenannte Eliteuniversitäten. Bitte erläutern Sie uns als Bildungsexperte, was die Entscheidungskriterien sind, nach denen der Titel „Elite-Uni" verliehen wird, und ob die Unis wirklich bessere Bildung garantieren, wie der Name vermuten lässt?

Herr Weber : ① Der Begriff Eliteuniversität bedeutet Spitzenuniversität ③ und beschreibt Universitäten, die sich durch eine herausragende Qualität ihrer Wissenschaftspflege auszeichnet. ② Sie ist in der Regel finanziell angemessen oder gut ausgestattet und befindet sich oben auf Hochschulrankings. Zuvor hat es in Deutschland nie staatliche Eliteuniversitäten gegeben, denn sie sind alle gleichwertig.

1. Eine Eliteuniversität kann ebenfalls als Spitzenuniversität bezeichnet werden.

1. 엘리트 대학은 최고의 대학이라고도 표현될 수 있다. **정답: Richtig**

TIPP bedeuten ≒ bezeichnen als et.

2. Eine Eliteuniversität steht meistens unter finanziellen Druck.

2. 엘리트 대학은 일반적으로 재정적 압박을 받고 있다. **정답: Falsch**

TIPP 지문에서 엘리트 대학은 재정적으로 안정되거나 더 좋은 상태라고 나와 있습니다.

3. Was zeichnet sich eine Eliteuniversität aus? **정답: a**

a. Herausragende Qualität der Wissenschaftspflege
b. Hohe Studiengebühren und Semesterbeiträge
c. Platzierung im Mittelfeld der Hochschulrankings

3. 엘리트 대학을 특징짓는 것은 무엇입니까?

a. 학술적 유지, 관리의 뛰어난 품질
b. 높은 등록금 및 학기 기여금
c. 대학 순위에서 중간을 차지함

TIPP 지문과 문항이 거의 일치하나, 오답률이 높습니다. 명사를 꾸미는 관계 대명사 절도 주의 깊게 들어야 합니다.

Das Konzept der Eliteuniversität wurde jedoch entworfen und eingeführt, um Studentinnen und Studenten aus aller Welt anzulocken. ④ Die Spitzenuniversitäten werden gemäß folgender Kriterien ausgewählt: „… wissenschaftliche Exzellenz, modernes Management, eine gute Betreuung der Studierenden sowie Internationalisierung und Zusammenarbeit mit außeruniversitären Forschungseinrichtungen."

Moderatorin : Das Konzept klingt ja schon interessant, da viele amerikanische Universitäten wie Harvard und Yale tatsächlich weltweit einen guten Ruf haben. Wie erfolgreich wurde das Konzept vor Ort angenommen? Frau Johanna Wenz, Studentin der Bildungswissenschaft aus Heidelberg ist hier anwesend. Frau Wenz, was halten Sie von diesem bundesweiten Bildungs- und Förderungskonzept?

4. Mit der Idee der Eliteuniversitäten beabsichtigt man, dass … **정답: b**

a. deutsche Universitäten in vollem Maße gefördert werden, um Lehr- und Lernqualität zu verbessern.
b. einige auserwählte Universitäten vom Staat gefördert werden sollen, um weltweit einen guten Ruf zu bekommen.
c. deutsche Universitäten direkt mit anderen Universitäten verglichen werden, um Verbesserungspunkte zu finden.

4. 엘리트 대학의 이념은 …을 의도한다.

a. 교육 및 학습의 질을 향상시키기 위해 독일 대학은 전적으로 지원되어야 하는 것
b. 일부 선정된 대학이 전 세계적으로 좋은 평판을 받기 위해 국가로부터 지원되어야 한다는 것
c. 개선점을 찾기 위해 독일 대학을 다른 대학과 직접 비교하는 것

TIPP s. Konzept ≒ e. Idee

Frau Wenz : Schon ⑤ der Begriff „Elite" allein steht für Ungleichheit, da dieses Wort ja „nicht für alle" bedeutet. Obwohl ich selbst an einer Eliteuniversität studiere, befürchte ich, dass Eliteuniversitäten, die vom Staat besonders gefördert werden, letztendlich nur dem Prestige dienen und zu keiner wesentlichen Verbesserung der Lehr- und Lernqualität vor Ort beitragen. Die Lebenshaltungskosten der Städte, in denen die Eliteuniversitäten sich befinden, sind in der Regel höher als in anderen Städten, und wer sich die Kosten aufgrund seiner finanziellen Möglichkeiten nicht leisten kann, wird hierbei benachteiligt. Bildung ist für alle. Das heißt: alle Menschen sollten Zugang zu Bildungsangeboten haben.

Moderatorin: Ich bedanke mich bei Ihnen recht herzlich für diesen interessanten Austausch!

5. Die Studentin äußert sich kritisch, weil ··· **정답: c**

a. ihre Hochschule nicht zu einer der Eliteuniversitäten gehört.
b. die Lernangebote an Eliteuniversitäten oft nicht vielfältig sind.
c. das Konzept der Eliteuniversität zu gesellschaftlichen Diskrepanzen führen kann

5. 여학생은 ··· 비판적으로 언급한다.

a. 그녀의 대학교가 엘리트 대학에 속하지 않기 때문에
b. 엘리트 대학에서의 강의가 종종 다양하지 않기 때문에
c. 엘리트 대학의 개념이 사회적 괴리를 초래할 수 있기 때문에

TIPP Ungleichheit ≒ Diskrepanzen

mp3 파일을 듣고 빈칸에 알맞은 말을 쓰세요.

Moderatorin : Nachdem man seine __________ erworben hat, überlegt man sich, an einer Hochschule bzw. Universität zu studieren. Wie in den USA gibt es in Deutschland sogenannte Eliteuniversitäten. Bitte erläutern Sie uns als Bildungsexperte, was die __________ sind, nach denen der Titel „Elite-Uni" __________ wird, und ob die Unis wirklich bessere Bildung __________, wie der Name vermuten lässt?

Herr Weber : Der Begriff Eliteuniversität bedeutet Spitzenuniversität und beschreibt Universitäten, die _____ durch eine __________ Qualität ihrer Wissenschaftspflege __________. Sie ist in der Regel finanziell angemessen oder gut ausgestattet und befindet sich oben auf Hochschulrankings. Zuvor hat es in Deutschland __________ staatliche Eliteuniversitäten gegeben, denn sie sind alle gleichwertig. Das Konzept der Eliteuniversität wurde jedoch entworfen und eingeführt, um Studentinnen und Studenten aus aller Welt __________. Die Spitzenuniversitäten werden gemäß folgenden __________ ausgewählt: „…wissenschaftliche __________, modernes Management, eine gute Betreuung der Studierenden sowie Internationalisierung und Zusammenarbeit mit __________ Forschungseinrichtungen."

Moderatorin : Das Konzept klingt ja schon interessant, da viele amerikanische Universitäten wie Harvard und Yale tatsächlich weltweit einen __________ _____ haben. Wie erfolgreich wurde das Konzept vor Ort __________? Frau Johanna Wenz, Studentin der Bildungswissenschaft aus Heidelberg ist hier anwesend. Frau Wenz, was halten Sie von diesem bundesweiten Bildungs- und Förderungskonzept?

Frau Wenz : Schon der Begriff „Elite" allein steht für __________, da dieses Wort ja „nicht für alle" bedeutet. Obwohl ich selbst an einer Eliteuniversität studiere, befürchte ich, dass Eliteuniversitäten, die vom Staat besonders gefördert werden, letztendlich nur dem __________ dienen und zu __________ wesentlichen Verbesserung der Lehr-

und Lernqualität ______ ___________ beitragen. Die __________________ der Städte, in denen die Eliteuniversitäten sich befinden, sind in der Regel _____________ als in anderen Städten, und wer _____ die Kosten aufgrund seiner finanziellen Möglichkeiten nicht ___________ kann, wird hierbei ___________. Bildung ist für alle. Das heißt: alle Menschen sollten Zugang zu Bildungsangeboten haben.

Moderatorin : Ich bedanke mich bei Ihnen recht herzlich für diesen interessanten Austausch!

Man muss noch Chaos in sich haben, um einen tanzenden Stern gebären zu können.

춤추는 별을 잉태하려면 반드시 스스로의 내면에 혼돈을 지녀야 한다.

[in sich 내면에, gebären 낳다, 분만하다]

Lektion 19

고난이도 / 뉴스
독일의 환경 구역과 환경 스티커

오늘의 주제

Umweltzonen und Umweltplaketten in Deutschland
독일의 환경 구역과 환경 스티커

독일에서 차량을 구입하거나 소지한 차량을 독일에 가지고 가게 된다면, 빼먹지 말아야 할 중요한 일이 있습니다. 바로 차종에 맞는 스티커를 구매하여 부착하는 것인데요! 오늘은 그 스티커에 대한 내용과 환경 정책 관련 뉴스를 듣고 문제를 풀어 보겠습니다.

Schritt 1
어휘 & 표현 체크

오늘의 중요 어휘 및 표현들을 알아봅시다.

- einrichten 설치, 설비하다
- ausgenommen (von) ~를 제외하고
- ausweisen 명시하다, 증명하다
- e. Verordnung 법령, 지령, 명령
- entnehmen ~에서 추론하다(참고하다)
- r. Schadstoff 유해 물질
- einen Überblick verschaffen 개요를 마련해 주다
- umweltschädlich 환경을 오염시키는
- bis dato 오늘까지, 지금까지

mp3 음성을 듣고, 정답을 체크해 보세요.

Sie hören eine Nachricht im Radio.

Sie hören den Text einmal. Wählen Sie bei jeder Aufgabe die richtige Lösung.

1. Mittlerweile wurden mehr als 50 bereits eingerichtete Umweltzonen in deutschen Städten wie Berlin, Mannheim und Stuttgart von den Umweltzonen befreit.

☐ Richtig ☐ Falsch

2. Gesetzliche Umweltplaketten sind …

a. in drei Farben zu finden und sie weisen darauf hin, zu welcher Stadt das Fahrzeug gehört.

b. bei den Zulassungsbehörden zu erwerben und müssen an der Frontscheibe eines Fahrzeugs angebracht werden.

c. freiwillig bei Bedarf an der Windschutzscheibe anzubringen und bei Nichteinhaltung des Gesetzes fällt ein Bußgeld in Höhe von 80 Euro an.

3. Eine Blaue Plakette ist …

a. an den Fahrzeugen anzubringen, die mit Diesel betrieben werden und derzeit bei den Behörden erhältlich.

b. den Zulassungspapieren zu entnehmen.

c. an Dieselfahrzeugen mit geringen Stickoxiden anzubringen, aber sie wurde gesetzlich noch nicht eingeführt.

4. Die Fahrzeugzuordnung bezüglich der Schadstoffgruppe kann man herausfinden, indem …

a. man im Zulassungspapier nachschlägt.

b. man sich mit der Zulassungsbehörde telefonisch in Verbindung setzt.

c. man die Plakettenverordnung nachsieht.

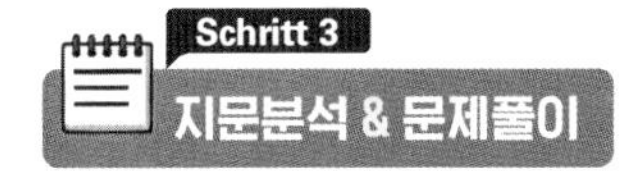

지문을 분석하며 문제에 대한 답을 확인하고, 답이 되는 이유를 살펴봅시다.

Nachrichtsprecher : Guten Abend, meine Damen und Herren. Ich begrüße Sie zum Tagesjournal. ① Mittlerweile sind in zahlreichen Städten wie z.B. Berlin, Mannheim und Stuttgart bereits mehr als 50 Umweltzonen eingerichtet, die zur Reduktion von Stickstoffoxiden und Feinstaub in der Luft eingeführt wurden. ② Gemäß einer gesetzlichen Regelung, nämlich des Bundes-Emissionsschutzgesetzes soll eine passende Umweltplakette, die zum Beispiel bei den Zulassungsbehörden für 5 bis 20 Euro erhältlich ist, an der Windschutzscheibe angebracht werden. Bei Verstoß gegen die Regelung droht ein Bußgeld in Höhe von 80 Euro. Hiervon ausgenommen sind Motorräder, Fahrzeuge für medizinische Versorgung sowie Fahrzeuge von Polizei, Feuerwehr und Militär. Nun möchten wir Ihnen einen kurzen Überblick darüber verschaffen, welche Plakettenfarbe Sie ans Auto anbringen müssen. In den Städten werden Fahrverbotszonen mittels gesetzlicher Zeichen ausgewiesen. Auf Zusatzzeichen werden farbige Plaketten dargestellt, deren Schadstoffgruppen vom Fahrverbot ausgenommen sind.

1. Mittlerweile wurden mehr als 50 bereits eingerichtete Umweltzonen in deutschen Städten wie Berlin, Mannheim und Stuttgart von den Umweltzonen befreit. **정답: Falsch**

1. 현재 베를린, 만하임, 슈투트가르트와 같은 독일 도시들 내에 이미 도입된 50개 이상의 환경 구역들이 환경 구역에서 면제되었다.

TIPP von et. befreien ≠ einrichten 환경 영역이 면제된 것이 아니라 도입되어 있는 것입니다.

2. Gesetzliche Umweltplaketten sind … **정답: b**

a. in drei Farben zu finden und sie weisen darauf hin, zu welcher Stadt das Fahrzeug gehört.
b. bei den Zulassungsbehörden zu erwerben und müssen an der Frontscheibe eines Fahrzeugs angebracht werden.
c. freiwillig bei Bedarf an der Windschutzscheibe anzubringen und bei Nichteinhaltung des Gesetzes fällt ein Bußgeld in Höhe von 80 Euro an.

2. 법정 환경 스티커는 …

a. 세 가지 색상으로 표시되며, 차량이 속한 도시를 나타낸다.
b. 자동차 등록 관청에서 구매할 수 있으며 차량의 앞 유리에 부착되어야 한다.
c. 필요에 따라 자발적으로 앞 유리에 부착하고, 법을 준수하지 않을 경우 80유로의 벌금이 부과된다.

TIPP 법령 해당 사항(Gemäß einer gesetzlichen Regelung,…)을 전체적으로 청취하고 답하세요.
bei (Ort) erhältlich sein ≒ bei (Ort) zu erwerben sein / e. Windschutzscheibe ≒ e. Frontscheibe

Jede Stadt kann unabhängig beschließen und festlegen, in welche Zonen Fahrzeuge mit welcher Plakette einfahren dürfen. Die Farben sind aktuell in vier Kategorien aufgeteilt: Schadstoffgruppe 2 erhält eine rote, 3 eine gelbe und 4 eine grüne, und dies gilt als aktuell beste Einstufung. In den meisten Umweltzonen sind nur die Fahrzeuge mit grüner Plakette zulässig. Schadstoffgruppe 1 erhält keine Aufkleber. Bezüglich dieser Einstufungskategorie wurde neuerlich heiß diskutiert, ③ ob eine „Blaue Plakette" für Diesel mit geringer Stickoxid-Emission eingeführt werden soll. Dies wurde jedoch bis dato noch nicht eingeführt. Ein weiterer wichtiger Punkt ist, dass auch für Elektrofahrzeuge eine Plakette benötigt wird, und sie somit keine Ausnahme von der Plakettenverordnung bilden. ④ Wenn Sie wissen möchten, zu welcher Kategorie Ihr Fahrzeug gehört, können Sie dies der Emissionsschlüsselnummer entnehmen, die in dem Zulassungspapier stehen. Dann wünschen wir Ihnen weiterhin eine gute Fahrt und kommen Sie gut heim!

3. Eine Blaue Plakette ist … **정답: c**

a. an den Fahrzeugen anzubringen, die mit Diesel betrieben werden und derzeit bei den Behörden erhältlich.
b. den Zulassungspapieren zu entnehmen.
c. an Dieselfahrzeugen mit geringen Stickoxiden anzubringen, aber sie wurde gesetzlich noch nicht eingeführt.

3. 파란색 스티커는…

a. 경유로 구동되는 모든 차량에 부착되어야 하며, 현재 자동차 등록 관청에서 구매할 수 있다.
b. 자동차 등록증에서 참고할 수 있다.
c. 산화질소를 적게 배출하는 경유 차량에 부착해야 하지만, 아직 법에 도입된 것은 아니다.

TIPP a문항의 관청(Behörde)에서 구매할 수 있는 것은 빨강(2), 노랑(3), 초록(4) 스티커이고, b문항의 자동차 등록증(Zulassungspapiere)에서 참고할 수 있는 것은 자신의 차량이 속한 오염 물질 그룹 관련 귀속 범주이므로 둘 다 정답이 아닙니다.

4. Die Fahrzeugzuordnung bezüglich der Schadstoffgruppe kann man herausfinden, indem … **정답: a**

a. man im Zulassungspapier nachschlägt.
b. man sich mit der Zulassungsbehörde telefonisch in Verbindung setzt.
c. man die Plakettenverordnung nachsieht.

4. 차량의 오염 물질 그룹 관련 귀속 범주는 … 발견할 수 있다.

a. 차량 등록증을 참조하면서
b. 차량 등록 관청에 유선으로 문의하면서
c. 스티커 관련 법령을 확인하면서

TIPP 차량의 오염 물질 그룹 귀속 범주는 차량 등록증(Zulassungspapier)의 대기오염 관련 코드번호(Emissionsschlüsselnummer)에서 찾을 수 있습니다. 관계 대명사 절을 주의 깊게 들어야 합니다.

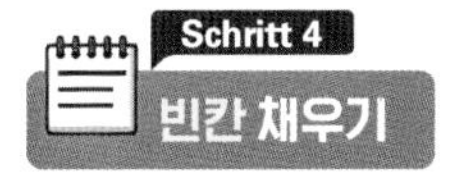

mp3 파일을 듣고 빈칸에 알맞은 말을 쓰세요.

Nachrichtsprecher : Guten Abend, meine Damen und Herren. Ich begrüße Sie zum Tagesjournal. Mittlerweile sind in __________ Städten wie z.B. Berlin, Mannheim und Stuttgart bereits mehr als 50 __________ eingerichtet, die zur Reduktion von __________ und Feinstaub in der Luft eingeführt wurden. Gemäß einer gesetzlichen Regelung, nämlich des Bundes-Emmissionsschutzgesetzes soll eine passende __________, die zum Beispiel bei den Zulassungsbehörden für 5 bis 20 Euro __________ ist, an der Windschutzscheibe __________ werden. Bei __________ gegen die Regelung droht ein Bußgeld in Höhe von 80 Euro. Hiervon __________ sind Motorräder, Fahrzeuge für medizinische Versorgung sowie Fahrzeuge von Polizei, Feuerwehr und Militär. Nun möchten wir Ihnen einen kurzen __________ darüber __________, welche Plakettenfarbe Sie ans Auto __________ müssen. In den Städten werden Fahrverbotszonen mittels gesetzlicher Zeichen __________. Auf Zusatzzeichen werden farbige Plaketten dargestellt, deren ________________ vom Fahrverbot ausgenommen sind.

Jede Stadt kann unabhängig beschließen und festlegen, in welche Zonen Fahrzeuge mit welcher Plakette __________ dürfen. Die Farben sind aktuell in vier Kategorien ________: Schadstoffgruppe 2 erhält eine rote, 3 eine gelbe und 4 eine grüne, und dies gilt als aktuell __________ Einstufung. In den meisten Umweltzonen sind nur die Fahrzeuge mit grüner Plakette __________. Schadstoffgruppe 1 erhält keine Aufkleber. Bezüglich dieser __________________ wurde neuerlich heiß diskutiert, ob eine „Blaue Plakette" für Diesel mit geringer Stickoxid-Emission eingeführt werden soll. Dies wurde jedoch ______ __________ noch nicht eingeführt. Ein weiterer wichtiger Punkt ist, dass auch für Elektrofahrzeuge ______ Plakette benötigt wird, und sie somit __________ Ausnahme von der Plakettenverordnung __________. Wenn Sie wissen möchten, zu welcher Kategorie Ihr Fahrzeug gehört, können Sie dies der Emissionsschlüsselnummer __________, die in dem Zulassungspapier stehen. Dann wünschen wir Ihnen weiterhin eine gute Fahrt und kommen Sie gut heim!

Lektion 20 고난이도 / 강의
볼로냐 프로세스 – 성공적인 개혁인가?

오늘의 주제

Bologna-Prozess: Eine erfolgreiche Bildungsreform?
볼로냐 프로세스 – 성공적인 교육 개혁인가?

독일의 학위 과정은 불과 2010년까지만 해도 현재와 달랐습니다. 왜 바뀌게 된 것일까요? 그리고 이 개혁은 정말로 성공적이라고 할 수 있을까요? 오늘은 교육 개혁 볼로냐 프로세스에 대하여 전문가의 인터뷰를 듣고 문제를 풀어 보겠습니다.

Schritt 1

어휘 & 표현 체크

오늘의 중요 어휘 및 표현들을 알아봅시다.

- verankert 확정된, 고정된
- r. Perspektivwechsel 관점의 전환
- eine Leistung erbringen 학점, 성과를 얻다
- sich auf jd/et. beziehen ~ 에(게) 관련되다
- e. Mobilität 사회적 이동성
- unterbewerten 과소평가하다
- von et. profitieren ~로부터 이익을 얻다

mp3 음성을 듣고, 정답을 체크해 보세요.

Sie hören einen Vortrag im Radio.

Sie hören den Text einmal. Wählen Sie bei jeder Aufgabe die richtige Lösung.

1. Aufgrund der Umsetzung des Bologna-Prozesses wurden die Hochschulabschlüsse in Deutschland aufs Magister-Diplom-System umgestellt.

☐ Richtig ☐ Falsch

2. Der Bologna-Prozess ist eine Studienreform, die …

a. von europäischen Staaten entwickelt und eingeführt wurde. Sie gilt allein in Deutschland, da sie speziell auf deutsche Bildungspolitik konzipiert wurde.

b. gleichzeitig in ganz Europa gilt. Dementsprechend sollen erbrachte Leistungen beim gleichen Abschluss in einen einheitlichen Bewertungsrahmen eingesetzt werden.

c. außeruniversitäre Aktivitäten fördert, die nicht im Semesterplan vorgeschrieben sind.

3. Zu einem Vorteil des Bologna-Prozess wird gezählt, dass …

a. es ebenfalls höhere Mobilitätschancen außerhalb der EU ermöglicht.

b. gegen die Notenvergabe von erbrachten Studienleistungen Widerspruch eingereicht werden.

c. die Studierenden im Studium von vielen anwendungsorientierten Veranstaltungen profitieren können.

4. Als Nachteil merken die Gegner des Bologna-Prozesses an, dass …

a. die Lernangebote aufgrund der verlängerten Studiendauer inhaltlich vermehrt werden müssen.

b. Bachelor-Absolventen über eine schlechte Reputation verfügen, da die neue Abschlussform häufig von Personalern unterbewertet wird.

c. an jeder Hochschule ausreichende Plätze für Masterstudium verfügbar sind.

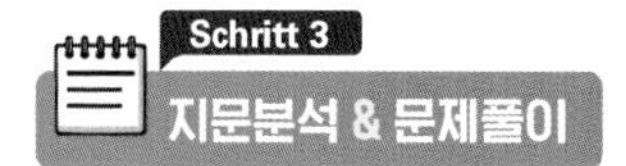

지문을 분석하며 문제에 대한 답을 확인하고, 답이 되는 이유를 살펴봅시다.

Vortragender : Ich begrüße Sie herzlich zu meinem Vortrag mit dem Titel „Bologna-Prozess: Eine erfolgreiche Bildungsreform?". Mein Name ist Hannes Rosberg, und ich bin als Lehrbeauftragte im Fachbereich Erziehungswissenschaft an der Universität Frankfurt tätig. Im Frühjahr 2010 habe ich mein Studium mit einem Diplom abgeschlossen, und meine Studenten studieren auf Bachelor. Wir alle waren und sind im Lande, aber was ist denn inzwischen passiert? ① Dies bezieht sich auf den Bologna-Prozess, der bereits im Jahr 1999 beschlossen wurde. ② In einer Erklärung haben sich zunächst ①② 29 europäische Staaten dazu verpflichtet, das Bachelor-Master-System einzuführen. Von daher wurden die deutschen Abschlüsse Magister und Diplom auf Bachelor und Master umgestellt, und ② gleichzeitig wurde ein in ganz Europa geltender einheitlicher Bewertungsrahmen, ECTS, eingeführt.

1. Aufgrund der Umsetzung des Bologna-Prozesses wurden die Hochschulabschlüsse in Deutschland aufs Magister-Diplom-System umgestellt. **정답: Falsch**

1. 볼로냐 프로세스의 실행으로 인해 독일 내 대학 학위가 '마기스터-디플롬 시스템'으로 전환되었다.

TIPP Magister-Diplom System에서 Bachelor-Master 과정으로 바뀌었습니다.
(von) et.1 auf et.2 einführen ≒ et.1 in et.2 umgestellt werden

2. Der Bologna-Prozess ist eine Studienreform, die … **정답: b**

a. von europäischen Staaten entwickelt und eingeführt wurde. Sie gilt allein in Deutschland, da sie speziell auf deutsche Bildungspolitik konzipiert wurde.
b. gleichzeitig in ganz Europa gilt. Dementsprechend sollen erbrachte Leistungen beim gleichen Abschluss in einen einheitlichen Bewertungsrahmen eingesetzt werden.
c. außeruniversitäre Aktivitäten fördert, die nicht im Semesterplan vorgeschrieben sind.

2. 볼로냐 프로세스는 …

a. 유럽 국가에 의해 개발되고 도입된 교육 개혁이며, 독일 교육 정책을 위해 특별히 설계되었으므로, 독일에서만 적용된다.
b. 유럽 전역에 동시에 적용되며, 따라서 학위제가 같을 경우 취득된 학점은 공통된 평가 기준을 적용받는다.
c. 학기 커리큘럼에 명시되지 않은 대학 외 활동을 장려하는 것이다.

TIPP 유럽 전역(29개국)에서 모두 통용되고, 한 가지 공통된(geltend, einheitlich) 평가 기준으로 바뀌었습니다.

Es gibt verschiedene Aspekte, unter denen die Studienreform positiv oder negativ betrachtet werden kann. Die ③ Befürworter argumentieren, dass man von vielen im Studium verankerten anwendungsorientierten Veranstaltungsformen wie Praktika und Projekten profitieren kann. Zudem hat die Studienreform eine höhere Mobilität innerhalb der EU ermöglicht, und sie vereinfacht die Anerkennung von im Ausland erbrachten Studienleistungen. Die Gegner vertreten die Meinung, dass die Studieninhalte bei der verkürzten Studiendauer ebenfalls gekürzt werden mussten.

3. Zu einem Vorteil des Bologna-Prozess wird gezählt, dass … **정답: c**

a. es ebenfalls höhere Mobilitätschancen außerhalb der EU ermöglicht.
b. gegen die Notenvergabe von erbrachten Studienleistungen Widerspruch eingereicht werden.
c. die Studierenden im Studium von vielen anwendungsorientierten Veranstaltungen profitieren können.

3. 볼로냐 프로세스의 장점 중 하나는 …

a. 유럽연합 외부에서의 사회적 이동성 기회 또한 제공하는 것이다.
b. 학업 성과의 채점에 관하여 이의를 제기할 수 있는 것이다.
c. 학생들이 수학하는 동안 많은 응용 중심 수업의 혜택을 받을 수 있는 것이다.

TIPP 볼로냐 프로세스의 장점은 응용 중심의 수업을 활용할 수 있다는 것입니다. 지문 청취 시, Befürworter(찬성자) 단어를 들음과 동시에 장점이 나올 것을 예측해야 합니다.

④ In diesem Sinne haben Bachelor-Absolventen einen schlechten Ruf auf dem Arbeitsmarkt, da sie eher als Generalisten betrachtet werden, die „von allem etwas können, aber nichts richtig wissen". Tatsächlich haben einige Hochschulen die Entscheidung getroffen, dass sie die alten Magister- und Diplom-Titel beibehalten, z.B. die TU Ilmenau in Thüringen und Hochschulen in Sachsen. Ein weiterer und wichtiger Grund, zum alten Hochschulsystem zurückzukehren, ist, dass nach dem Bachelorstudium oft die Plätze fürs folgende Masterstudium fehlen. Abschließend möchte ich noch erwähnen, dass viele Studenten*innen selbst wahrscheinlich weder Befürworter noch Gegner sind, sondern eher einfach Betroffene des aktuellen Bildungsrahmens sind. Oftmals hat man es schwer, beim Berufseinstieg mit einem Bachelor die gewünschte Arbeitsstelle zu bekommen. Dementsprechend wird bei Personalbüros in der Arbeitswelt dringend ein Perspektivwechsel benötigt. Vielen Dank für Ihre Aufmerksamkeit!

※ Studenten*innen = Studenten und Studenteninnen

4. Als Nachteil merken die Gegner des Bologna-Prozesses an, dass … **정답: b**

a. die Lernangebote aufgrund der verlängerten Studiendauer inhaltlich vermehrt werden müssen.

b. Bachelor-Absolventen über eine schlechte Reputation verfügen, da die neue Abschlussform häufig von Personalern unterbewertet wird.

c. an jeder Hochschule ausreichende Plätze für Masterstudium verfügbar sind.

4. 반대자들이 지적하는 볼로냐 프로세스의 단점은 …

a. 학위 과정이 단축되어 강의가 많아진다는 것이다.

b. 새로운 유형의 학위가 인사 전문가들에 의해 종종 저평가되기 때문에, 학사 졸업생이 나쁜 평판을 받는다는 것이다.

c. 각 대학에 석사 학위를 위한 자리가 충분히 마련되어 있는 것이다.

TIPP einen schlechten Ruf ≒ eine schlechte Reputation 지문 청취 시, Gegner(반대자) 단어를 들음과 동시에 단점이 나올 것을 예측해야 합니다.

mp3 파일을 듣고 빈칸에 알맞은 말을 쓰세요.

Vortragender : Ich begrüße Sie herzlich zu meinem Vortrag mit dem Titel „Bologna-Prozess: Eine erfolgreiche __________?". Mein Name ist Hannes Rosberg, und ich bin als Lehrbeauftragte im Fachbereich Erziehungswissenschaft an der Universität Frankfurt tätig. Im Frühjahr 2010 habe ich mein Studium _____ einem Diplom __________, und meine Studenten studieren _______ Bachelor. Wir alle waren und sind im _______, aber was ist denn inzwischen passiert? Dies __________ _______ auf den Bologna-Prozess, der bereits im Jahr 1999 beschlossen wurde. In einer __________ haben sich zunächst 29 europäische Staaten dazu verpflichtet, das Bachelor-Master-System einzuführen. Von daher wurden die deutschen Abschlüsse Magister und Diplom _______ Bachelor und Master __________, und gleichzeitig wurde ein in ganz Europa geltender einheitlicher _______________, ECTS, eingeführt.

Es gibt verschiedene Aspekte, unter denen die Studienreform positiv oder negativ betrachtet werden kann. Die __________ argumentieren, dass man von vielen im Studium __________ anwendungsorientierten Veranstaltungsformen wie Praktika und Projekten profitieren kann. Zudem hat die Studienreform eine höhere __________ innerhalb der EU ermöglicht, und sie __________ die Anerkennung von im Ausland erbrachten Studienleistungen. Die __________ vertreten die Meinung, dass die Studieninhalte bei der __________ Studiendauer ebenfalls __________ werden mussten. In diesem Sinne haben Bachelor-Absolventen einen __________ ________ auf dem Arbeitsmarkt, da sie eher als Generalisten betrachtet werden, die „von allem etwas können, aber nichts richtig wissen". Tatsächlich haben einige Hochschulen die Entscheidung getroffen, dass sie die alten Magister- und Diplom-Titel __________, z.B. die TU Ilmenau in Thüringen und Hochschulen in Sachsen. Ein weiterer und wichtiger Grund, zum alten Hochschulsystem ______________, ist, dass nach dem Bachelorstudium oft die Plätze fürs folgende Masterstudium fehlen. Abschließend möchte ich noch erwähnen, dass viele Studenten*innen selbst wahrscheinlich weder Befürworter noch Gegner sind, sondern eher einfach __________ des aktuellen Bildungsrahmens sind. Oftmals hat man es schwer, beim Berufseinstieg mit einem Bachelor die gewünschte Arbeitsstelle zu bekommen. Dementsprechend wird bei __________ in der Arbeitswelt dringend ein ______________ benötigt. Vielen Dank für Ihre Aufmerksamkeit!

한 권으로 끝내는
독일어 듣기 고급
4주 완성

Übersetzung
지문 해석

Lösung
빈칸 채우기 정답

Index
부록

Lektion 1

소시지의 역사와 독일의 소시지

“상관없어요!” 독일인과 소시지

진행자: 안녕하세요. “역사와 함께하는 음식”에 오신 것을 환영합니다. 지난 주에 예고했던 것처럼, 오늘은 소시지, 즉 독일 소시지에 관한 내용입니다. 전 세계적으로 독일은 소시지로 매우 유명하며, 통계에 따르면 1인당 평균 2.6킬로그램의 소시지가 소비되고 있습니다! 아마도 지금 소시지가 어디서 유래하는지 관심이 생기셨죠? 오늘 방송에서 저는 유명 요리사, 동시에 요리책 작가인 크리스티안 슈바이거 씨를 초청하여 소시지 역사를 살펴보겠습니다. 슈바이거 씨, 제가 알기로는 소시지는 독일인들이 발명한 것이 아닌 것으로 아는데 맞나요?

슈바이거: 아니요, 사실 소시지는 독일에서 유래한 것이 아닙니다. 비록 소시지가 독일인들에게 가장 인기 있고 유명한 음식 중 하나임에도 불구하고요. 역사는 약 3300년 전, 호메로스가 전사들의 경쟁에 대해 보도했을 때인 고대 시대에서 시작되었습니다. 승자에게 보상으로 구운 염소의 장으로 만든 소시지가 보상으로 제공되었습니다. 그 후 로마인들은 그 레시피를 요리책에 기술했지만, 독일에서는 그것이 중세시대에서야 비로소 처음으로 서면으로 언급되었습니다.

진행자: 많은 분들이 소시지의 기원이 독일에 있지 않다는 사실에 실망하지 않기를 바랍니다. 슈바이거 씨, 오로지 독일 소시지에 관련해서만 얘기한다면, 독일에는 몇 가지 종류가 있나요?

슈바이거: 당신의 질문을 소시지 역사와 짧게 연관 짓겠습니다. 중세 시대에는 도살자들이 개인 도축장에서 고기나 소시지를 생산하거나 판매할 수 없었습니다. 그들은 공공 도축장에서 도살하고 판매대에서 판매해야 했습니다. 그리고 약 1250년경, 독일 호엔슈타우펜 시대의 종식 이후, 수많은 작은 영토로 붕괴되었을 때, 수백 개의 소시지 생산 및 도축 작업대를 지닌 300개 이상의 주가 탄생했습니다. 각 지역은 고유의 전통과 레시피를 가지고 있었고, 결국 그 결과 약 1500 종류의 소시지가 생겨나게 되었습니다.

진행자: 아하, 정말 흥미롭군요. 슈바이거 씨, 그러면 소시지는 어떻게 생성되고, 각각의 소시지 종류는 서로 어떻게 다를까요?

슈바이거: 소시지는 여러 가지 내용물로 구성되어 있습니다. 자세히 얘기하면, 갈은 고기 종류, 비계, 피, 혹은 내장인데, 이것들은 양념과 함께 버무려져 동물 장에 채워집니다. 이와 관련하여 사람들은 대략적으로 크게 세 가지 소시지 종류로 구분합니다: 데운 소시지, 삶은 소시지, 그리고 생육 소시지. 데운 소시지에는 바이에른의 하얀 소시지, 프랑크푸르트, 리옹, 비엔나 소시지 등이 포함되며, 피, 간, 수육 소시지 그리고 해기스와 같은 삶은 소시지들은 대부분 이미 조리된 육류로 구성되어 있습니다. 생육 소시지는 생육으로 구성되며, 메트부르스트나 테부르스트 등처럼 조리되지 않은 상태로 섭취됩니다. 식습관 전환으로 오늘날 소시지는 채식 또는 비건 방식으로 생산되기도 합니다.

진행자: 좋습니다. 그리고 이 프로그램에서는 커리부어스트를 준비했습니다. 소시지와는 달리 이건 독일 발명품이지 않나요? 커리부어스트는 누가 발명했나요?

슈바이거: 누가 정확히 커리부어스트를 발명했는지는 논쟁의 여지가 있습니다. 하지만 사실은 수도 베를린에서 온 한 여성이 이 요리법의 특허를 냈다는 것입니다. 이 소시지는 구운 후, 접시에 놓이고, 빨간 케첩 소스 아래 사라집니다. 카레 가루를 조금 첨가하면 맛이 더 풍부해집니다. 카레와 케첩과 함께 독일 소시지 맛이 정말 좋아지네요! 그럼 맛있게 드세요!

진행자: 여러분 맛있게 드시고, 슈바이거 씨 감사합니다.

Lektion 2

독일의 아이콘 - 브란덴부르크문

독일의 아이콘 - 브란덴부르크문

진행자: 베를린의 파리저 플라츠에 있는 브란덴부르크문은 독일의 한 유명하고 중요한 상징물입니다. 그래서 모든 베를린 방문자들에게 그것은 필수불가결한 것이죠. 그렇다면 이 상징적인 문 뒤에는 어떤 역사적 배경이 숨겨져 있을까요? 베를린 도시 마케팅의 마케팅 매니저인 안 벤츠 씨는 오늘 우리에게 베를린의 흥미진진한 이야기를 들려줄 것입니다. 벤츠 씨, 브란덴부르크문 이야기를 짧게 부탁드릴게요.

벤츠: 네, 물론이죠. 브란덴부르크문은 프리드리히 빌헬름 2세에 의해 화려한 가로수길인 '운터덴린덴' 거리의 마지막을 장식하기 위해서 의뢰되었습니다. 칼 고타드 랑한스는 그의 임무를 수행하면서 "아테네의 도시 문"을 참고하였습니다. 문은 1788년부터 1791년까지 지어졌고, 문이 건설된 후, 세관 성벽에 있는 옛 경비초소를 대체하게 되었습니다. 치수로 보면 높이는 거의 30미터에 달하고 12개의 도리스 양식의 기둥으로 이루어져 있는데 기둥은 각 면에 6개씩 위치합니다. 원래 시민들은 각 방향의 두 개의 외곽 통로만 사용할 수 있었죠.

진행자: 그리고 위에 있는 조각상도 간과해서는 안 되죠! 이 조각상에도 역사적인 의미가 따르는 것 같아요, 그렇죠?

벤츠: 맞습니다. 이 조각상은 "콰드리가"라고 불립니다. 콰드리가는 1793년 요한 고트프리드 샤도프에 의해 만들어졌습니다. 로마 승리의 여신인 빅토리아가 네 마리의 말이 이끄는 한 수레 안에 있는 형상을 볼 수 있죠. 콰드리가는 시간이 흐르면서 3번이나 끌어내려졌는데요. 1806년 프로이센이 패배한 후 나폴레옹이 처음 파리로 가져갔습니다. 10년 후, 그가 패배한 후, 콰드리가는 베를린으로 다시 돌아오게 되었습니다. 제2차 세계 대전 동안 브란덴부르크문과 콰드리가 모두 심하게 손상되었기 때문에 복사품으로 대체될 수밖에 없었습니다.

진행자: 매우 흥미진진하네요. 그러나 과거는 과거이고요, 지금 마지막 질문 하나를 드립니다. 브란덴부르크문은 현대사에 들어서는 어떤 의미를 지니고 있나요?

벤츠: 브란덴부르크문은 오랜 기간 동안 통일의 상징 역할을 하고 있습니다. 그 이유는 다음과 같은데요: 제2차 세계 대전 후, 브란덴부르크문 주변으로 아치 모양의 장벽이 지어져 그 곳은 봉쇄 구역이 되었고 문으로 접근이 불가능하게 되었습니다. 1989년에 장벽은 무너졌고, 곧 십만 명 이상의 축하 속에 문이 개방되었습니다. 그 후 브란덴부르크문이 있는 파리저플라츠는 대부분 보행자 구역으로 발전해 베를린의 한 만남의 장소가 되었죠. 현재, 많은 방문객을 끌 수 있는 새해 불꽃놀이와 축구 경기 단체 관람과 같은 많은 행사와 행사들이 개최되고 있습니다.

Lektion 3

샤보프스키의 메모와 베를린 장벽의 붕괴

샤보프스키의 메모 - 계획되지 않은 장벽의 붕괴

진행자: "정치에 관한 모든 것" 프로그램에 오신 것을 환영합니다. 오늘은 수요일 프로그램인 "팩트체크"로 인사드립니다. 언급되는 것에는 많은 것들이 있지만, 무엇이 진실일까요? 최근 인터넷에서 독일 통일이 1989년 이탈리아 기자의 잘못된 기사

번역으로 인해 예상치 못하게 발생했다고 주장하는 기사가 떠돌고 있습니다. 하지만 이 온라인 기사는 우리에게 진실을 말하는 걸까요? 안녕하세요, 근현대사 연구소 카롤린 바그너 박사님, 스튜디오에 오신 것을 환영합니다. 이 온라인 기사의 내용이 사실인지 설명해 주시겠습니까?

카롤린 바그너 박사: 안녕하세요, 슈미츠 씨. 이 온라인 기사는 부분적으로만 진실에 부합합니다. 독일 민주 공화국이(약어: 동독) 당시 실수로 붕괴된 것은 사실이지만, 이는 이탈리아 언론인에 의해 잘못 번역된 국제적 기사 때문이 아니라, 옛 동독 사회주의 통일당 산하 사회주의 중앙 위원회 공산당 정치국 회원 및 대변인인 귄터 샤보프스키가 1989년에 잘못 발표했던 쪽지 때문이었습니다.

진행자: 그럼 샤보프스키의 쪽지에 대해 자세히 알아보겠습니다. 그 쪽지는 어떻게 발생됐고 또한 어떤 정보가 적혀 있었을까요?

카롤린 바그너 박사: 우선 당시 동독의 정치적 상황을 간단히 설명하겠습니다. 1980년대 후반부터 동독의 국가 체제는 붕괴 직전이었습니다. 1989년 가을, 경찰국가인 동독의 상황은 월요일 데모와 많은 폭동으로 악화되었습니다. 그래서 그 국가 체제는 곧 붕괴될 것이라는 것을 많은 사람들이 짐작하고 있었습니다. 1989년 11월 9일 저녁에 샤보프스키는 내각 평의회에서 의결된 새로운 여행 규정을 발표하기 위해 그 전설적인 기자회견에 대변인으로 등장했고 그 기자회견은 동시에 동독 내에 생방송으로 중계되었습니다. 그 새로운 여행 규정은 내무부와 국가 안보 고위 관리들에 의해 만들어졌고, 정치 지도부의 의도와 달리 규정을 작성한 저자들은 종이에 관료주의적이지 않은 출국과 재입국의 가능성을 무단으로 기술했습니다. 귄터 샤보프스키는 그 쪽지를 기자회견을 위해 개인적으로 건네받게 되었고, 그는 그 쪽지를 보지 않은 채, 향후 해외로 가는 사적인 여행은 사전 전제 조건의 제시 없이 신청될 수 있고, 허가서는 단기적으로 발행될 수 있을 것이라고 발표했습니다. 또한 지속적인 출국을 위한 비자도 즉시 발급될 것이라는 내용도 함께 발표했습니다.

진행자: 이전에 동독은 오해 때문에 해체되었다고 언급하셨는데요. 그 쪽지는 실수 또는 오해와 어느 정도로 관련이 있는 걸까요?

카롤린 바그너 박사: 샤보프스키 자신은 이 제도를 입안하는 데 관여하지 않았습니다. 그리고 법의 발효일에 대한 질문에 그는, "내가 아는 바로는, 그것은 즉시, 지체없이 발표됩니다…." 라고 말했습니다. 그러나 새로운 여행 제도의 발표는 당초 다음 날에 예정되어 있었고, 샤보프스키가 읽었던 그 쪽지의 제목에 따르면 단지 "동독 국민들이 체코슬로바키아를 경유해 서독으로 계속 이주하는 상황의 변화"라고만 작성되어 있었습니다. 샤보프스키가 실수로 그 쪽지를 제대로 읽지 않은 관계로 쪽지는 통제 불능이 되었고 세상을 바꾸었습니다.

진행자: 이 발표로 인해 대중들의 정치적 움직임이 일어났거나 아니면 어떠한 한 역사적인 사건으로 귀결되었을까요?

카롤린 바그너 박사: 네, 그렇습니다. 앞서 언급했듯이, 그 당시 국가 정권은 붕괴 직전이었기 때문에 많은 사람들은 이미 장벽이 무너졌다고 생각해 국경으로 향했습니다. 즉, 사람들이 국경으로 돌격했다는 것이죠. 그곳 국경에는 통제와 복종 대신 즉흥과 자발성만 있었습니다. 이에 따라 국가의 질서가 무너지면서 국경 수비대는 곧 대중들의 압력에 굴복하고 국경을 개방해야만 했습니다. 그러나 이는 기자회견과 같은 날 독일의 통일이 이루어졌다는 것을 의미하는 것이 아니라, 1년 후 서독과 동독 간의 많은 정치적 후속 활동이 진행된 후 이 모든 역사적 사건들이 결국 독일 재통일을 초래했다는 것을 의미합니다. 따라서 요약하자면, 한 사람의 역사적 오해가 장벽을 무너뜨렸다고 할 수 있죠.

진행자: 바그너 박사님, 이 흥미로운 대화에 대해 진심으로 감사드립니다.

카롤린 바그너 박사: 물론이죠.

Lektion 4

셰익스피어는 실제로 존재했을까?

셰익스피어는 실제로 존재했을까?

발표자: 우리 독서 모임 회원분들, 이 정기 모임이 다시 개최되어 너무 기쁘네요! 지난 주 우리 조직원이 이메일로 통지했듯이, 이번 주에는 영국의 극작가 윌리엄 셰익스피어, 그의 삶과 작품을 다룹니다. 우리가 우리들의 문학 비평을 생산적, 또한 성공적으로 교환할 수 있기를 바랍니다.

이번 주 본 프로그램을 시작하기 전에, 저는 재미있는, 어쩌면 이상할 수 있는 질문 하나를 생각해 봤는데요. 윌리엄 셰익스피어가 실제로 살았는지 자문해 본 적이 있을까요? 아, 이제 "저 앞에 있는 사람이 왜 저런 헛소리를 하는 걸까?" 하고 묻는 듯한 많은 의문스러운 표정의 얼굴들이 보이네요. 저는 개인적으로 그가 실제로 존재했는지 의심하지 않았습니다. 하지만 많은 공론들이 존재하고 그 공론들은 극작가 윌리엄 셰익스피어가 존재하지 않았다는 것입니다. 저는 이것을 음모론이라고 생각합니다. 그리고 그 공론의 근거들은 다음과 같습니다: 첫째, 일생 동안 3만 개 이상의 단어를 사용하여 150개의 소네트(시)와 35개의 드라마를 쓸 수 있는 사람은 아무도 없습니다 그리고 동시에 도축업자와 같은 다양한 직업들을 행하고, 전 세계를 거칠 수도 없죠. 이 맥락에서 많은 사람들은 또한 여러 작가들이 "윌리엄 셰익스피어"라는 필명, 즉 예명 하에 작품을 작성했다고 믿습니다. 그럼 윌리엄 셰익스피어는 다른 사람일 수도 있겠네요. 둘째, 셰익스피어 자신은 자신의 삶에 대한 기록을 남기지 않았습니다. 그래서 어떤 일지도, 편지도, 심지어 그의 작품들 중 가장 작은 부분도 원본에 남아 있지 않았습니다. 그의 정확한 생일조차도 알려져 있지 않고, 우리가 알고 있는 것은 그가 장갑을 만드는 공예가의 아들로서 영국 스트랫포드 어폰 에이븐에서 태어났고 아마도 그곳에서 라틴 학교에 다녔을 것이라는 것입니다. 하지만 확실하진 않아요. 그래서 모든 것이 추측, 소문에 대한 많은 여지를 남겨두고 있네요.

제 생각에 셰익스피어는 실제로 존재했습니다. 그가 실제로 자신의 모든 작품들을 직접 썼다는 것은 누구도 그의 시대로 돌아갈 수 없기 때문에 증명하기 어렵습니다. 그러나 많은 연구들이 그가 직접 작품을 쓴 것으로 확신하고 있는데, 모두가 상상할 수 있는 것은 아니지만, 사실, 수만 개의 단어를 알고 있는 천재들이 있습니다. 사람들은 이것을 익히 극단으로 교육을 받을 필요가 없는 특별한 능력이라고 정의하죠. 그리고 그가 남긴 몇 가지 삶의 흔적들이 있습니다. 그의 출생지에 있는 교회 기록에 등록되어 있고, 앤 해더웨이와의 결혼 증명서, 1597년에 집을 샀다는 서류, 그리고 그의 딸을 법정 상속인으로 지정한 유언장이 있습니다. 그러나 이름이 각각 다르게 등록되어 있어 아마도 나머지 의문점은 이름이 적힌 모든 출처가 실제로 같은 인물인지, 아니면 비슷한 이름이나 같은 이름을 가진 다른 사람들, 즉 동명이인에 관한 내용인 것인가입니다. 하지만 저는 이 사람들이 같은 사람이라고 생각하고 역사적 문서에서 이름이 항상 다르게 표기되어 있는 것은 그 당시에 정확한 철자에 관한 명확한 규칙이 없었기 때문입니다.

자, 이제 그럼 어떻게 생각하시나요? 윌리엄 셰익스피어가 실제로 존재했나요? 경청해 주셔서 감사합니다. 그리고 모임 안에서 재미있는 토론을 즐기시기를 바랍니다.

Lektion 5

자녀 수당에 관한 유용한 정보

자녀 수당에 관한 유용한 정보

진행자: 안녕하세요 벤첼 씨. 제 이름은 요하나 프랑크이고 전국 이민 단체인 "분테스 도이칠란트"의 컨설턴트입니다. 많은 고객(이민자)들이 독일에서의 삶에 대해 걱정하고 있습니다. 만약 아이를 데리고 왔다면 그들의 생활비가 충분하지 않아 아이의 교육을 진행할 수 없을까 걱정이 더 커집니다. 저희 조직인 "분테스 도이칠란트"를 대신하여 오늘 인터뷰에서 독일 이민자들도 사회적 혜택을 받을 자격이 있는지에 대해 질문하고 싶습니다.

벤첼: 연방 고용청에 오신 것을 환영합니다. 사회적인 위험에 대한 보장을 책임지는 사람이 누구인지 묻는다면 대다수의 국민들이 동의합니다: 바로 국가죠. 독일은 국가가 기본 인권을 보장할 책임이 있는 사회 복지 국가입니다. 국민에게 공공 서비스를 제공할 의무가 있으며, 사회 보장의 기본 구조에 있어서 개인이 스스로를 보장하는 것보다 우선합니다. 따라서 독일의 이민자들도 당연히 자녀 수당과 같은 모든 사회적 혜택에 대한 신청서를 제출할 수 있습니다.

진행자: 자녀 수당을 언제 어디서 신청할 수 있는지, 그리고 지급되는 기간과 금액을 설명해 주시겠습니까?

벤첼: 다음 요건이 충족되면 자녀 수당을 신청할 수 있습니다: 자녀가 18세 미만이고 자녀를 정기적으로 돌보며 자녀가 귀하의 가정에 거주할 경우죠. 수령에 있어서 자녀 수당을 귀하의 본 자녀를 위해서만 받는 것이 아닙니다. 이것은 의붓 자녀, 손자녀 그리고 위탁 자녀에게도 마찬가지로 적용할 수 있음을 의미합니다. 또한 거주지는 독일, 유럽 연합의 다른 국가 또는 스위스에 위치해야 합니다. 처리 기간은 최대 6 주까지 소요될 수 있으므로 가능한 한 빨리, 즉 가급적이면 자녀가 태어난 직후 바로 관련된 가족 보험 회사에 제출하는 것이 좋습니다. 현재 기준에 따르면 각 아동에 대해 매달 최소 219 유로를 받게 되며 최소 18세까지 지급됩니다. 자녀가 여러 명인 경우, 자녀 수에 따라 총 자녀 수당 금액이 결정됩니다: 첫 번째 자녀와 두 번째 자녀는 자녀당 219 유로, 세 번째 자녀는 225 유로, 네 번째 자녀는 자녀당 250유로입니다. 경우에 따라 18 세 이상의 아동을 위해서 자녀 수당을 신청할 수 있습니다. 자녀 수당에 대한 자세한 정보는 웹 사이트 www.arbeitsagentur.de 에서 확인할 수 있습니다. 그러나 유의할 점은 당청으로 접수되는 모든 신청서가 승인될 수 있는 것은 아니며 때때로 당청으로부터 거부 통지를 받을 수 있습니다. 이 경우 모든 신청자는 이미 전달된 거부 통지에 대해 이의 또는 반론을 제기할 수 있습니다.

진행자: 이 주제에 대한 자세한 정보를 제공해 주셔서 대단히 감사드리며, 저희 조직 구성원들이 귀중한 정보를 독일에서의 미래에 사용할 수 있기를 바랍니다.

Lektion 6

안네의 일기: 숨겨진 페이지의 해독

안네의 일기, 숨겨진 페이지의 해독

아나운서: 안녕하세요. 목요일 저녁 7시 뉴스에 오신 것을 환영합니다. 안네 프랑크의 일기가 점점 광범위해집니다. 1942년 9월 28일, 안네 프랑크는 일기 두 페이지에 무언가를 기록했지만, 이 페이지는 갈색 포장지로 붙여져 70년 이상 읽을 수 없었습니다. 암스테르담 안네 프랑크 재단의 발표에 따르면 이제 전문가들이 디지털 사진 기술의 도움으로 그 두 페이지를 해독했습니다. 곧이어 재단은 이전에 알려지지 않은 글들을 발표했습니다. 성적인 글과 우악스러운 농담입니다. 예를 들면: "독일 국방군 소녀들이 무엇을 위해 네덜란드에 있는지 아십니까? 병사들을 위한 매트리스죠. "이런 우악스러운 농담이 소위 "전쟁의

고전"이라 불렸기 때문에 안네는 아마 라디오나 그녀의 가족들로부터 이 농담을 들었을 것입니다.

안네는 또한 성과 매춘에 대해 썼고, 이것은 그녀 자신의 성 개념을 단어 그대로 재현한 것처럼 읽힙니다. 즉, 그녀는 마치 누군가를 성적으로 교육해야 하는 것처럼 그녀의 언어로 성을 묘사했습니다. 이런 이유로 전문가들은 페이지를 발견한 데 있어 중요한 점은 성 자체에 대한 언급이 아니라 사춘기의 13세 소녀로서 성에 대해 어떻게 표현했는지에 그녀의 집필 스타일에 주목해야 한다고 주장합니다. 그녀의 집필 스타일은 나중에 안네가 되고 싶어했던 여류 작가에 대해 많은 것을 보여줍니다.

돌이켜 보면 안네 프랑크의 두 페이지가 불편했던 것 같습니다. 따라서 안네 프랑크 재단은 이 붙여진 구절을 출판해야 하는지 오랫동안 고민해 왔습니다. 레오폴드 재단장은 다음과 같이 말했습니다: "안네 프랑크는 전 세계의 아이콘이 되었으며 그녀의 일기는 유네스코 세계 문화 유산입니다. 우리는 모든 텍스트가 문서화되어야 한다고 생각했습니다. 두 개의 새 페이지가 새 판(版)의 일부가 될 가능성이 높습니다."

안네 프랑크는 1929년 6월 프랑크푸르트 암 마인에서 태어났습니다. 국가 사회주의자(나치)가 집권한 후 가족은 네덜란드로 이주했습니다. 1944년 8월 가족은 배반당하고 추방되었습니다. 안네는 1945년 베어겐 - 벨젠 강제 수용소에서 15 세의 나이로 사망했습니다. 그녀의 아버지 오토 프랑크는 생존하여 1947년 안네의 기록을 출판했습니다.

Lektion 7

독일의 재생 가능 에너지법, EEG

재생 가능 에너지법(EEG)

아나운서: 독일은 더 빨리 친환경적이 되어야 하며, 이 규정된 목표를 달성하기 위해서는 재생 에너지법의 개정이 필요합니다. 독일의 전력 공급은 매년 환경 친화적인 방식으로 희소한 화석 연료에서 재생 가능한 에너지로 (예: 풍력 및 태양 에너지) 전환됩니다. 이미 수십 년 전 재생 가능 에너지원으로 전기를 생산하는 것을 촉진하기 위한 성공적인 수단인 재생 에너지법이 설계되었습니다. 2011년 세계가 후쿠시마의 치명적인 원자로 재앙을 경험한 후 연방 정부는 에너지 전환을 위한 생태학적 경로를 더욱 빠르고 효율적이며 일관성 있게 발전시키기 위해 이미 존재하는 이 에너지 개념을 신속하게 발전시켰으며, 이에 따라 독일 내에서의 원자력 발전 중단을 결정했습니다.

기본적으로 현재의 재생 에너지법의 주요 목적은 에너지 공급을 재편하고 젊은 기술들을 통해 생산된 풍력, 태양 에너지 같은 재생 에너지를 고정적인 보상, 보장된 매입 그리고 우선적인 전력 저장, 공급을 통해 시장 진입을 가능하게 하면서 2030년까지 전력 공급에서 재생 가능 에너지가 차지하는 비율을 최소 65%로 증가시키는 것입니다.

그 결과, 현재 총 전력 소비에서 재생 가능 에너지의 비율이 약 43%를 차지하고 있기 때문에 재생 에너지법의 개념은 현재 긍정적인 성과를 보이고 있습니다. 이에 비해 2010년 점유율은 16.9%에 불과했습니다.

65% 목표를 달성하기 위해 연방 정부는 2020년 9월 재생 에너지법을 개정하기로 결정했습니다: 이제 목표는 2050년까지 독일의 전기 생산 및 소비를 온실 가스 중립적(환경 중립적)으로 만드는 것입니다. 이 법의 개정은 시민과 기업가의 추가 비용 부담을 제한하고 재생 에너지 확장에 대한 지역적 수용을 높이는 것을 목표로 합니다.

이 목표를 달성하기 위해 2020년 12월 녹색 전력의 보다 빠른 확장을 위한 개혁에 대한 합의가 이루어졌습니다. 원내 교섭 단체의 발표에 따르면 연말에 재생 에너지법의 지원에서 제외될 시설들에 대한 조건이 개선되어야 한다고 합니다. 또한, 향후 풍력발전소가 건설되는 지역사회를 위한 재정적 지원이 있을 것입니다. 재생 에너지법 개혁이 합법적으로 발효될 수 있도록 연방 의회와 평의회에 의해 결정되어야 합니다.

Lektion 8

포장법에 대한 세 국가의 정책

포장법의 사례 연구 : 독일, 일본 그리고 한국

진행자: 인터넷에서 음식과 의복을 주문하는 것은 편리하지만 쓰레기가 많이 발생하고 독일에서 포장 쓰레기의 양은 계속 증가하고 있습니다. 법률이 포장 폐기물을 줄이는 데 도움이 될 수 있을까요?

슐츠: 새로운 독일 포장법이 2019년에 발효되었으며, 포장용기를 유통하는 모든 제조 업체와 유통 업체는 상품으로 채워진 포장용기와 그 재료를 중앙 "포장등록부"- 센터에 등록해야 합니다. 그들은 또한 포장용기를 회수하고 재활용해야 할 의무가 있습니다. 등록 시스템은 공공 폐기물 공급/처리를 보완하고 최종 사용자에 의해 발생하는 포장 폐기물을 처리하도록 합니다. 궁극적으로 이 법은 가능한 한 많은 폐기물을 재활용하는 것을 목표로 합니다. 법을 위반할 경우 최대 200,000 유로의 벌금이 부과될 수 있습니다.

우메모토: 일본에는 "용기 포장 재활용법"이라는 법률이 있습니다. 법의 목적은 적절한 폐기물 처리를 보장하는 것입니다. 이 법은 포장재를 시장에 유통하는 모든 제조업체가 포장재를 더 많이 재활용할 수 있도록 포장용기 재료와 관련하여 포괄적으로 라벨을 부착하여 표기하도록 의무화하고 있습니다. 플라스틱 포장 외에도 캔 및 종이와 판지로 만든 포장용기의 폐기를 규제합니다.

김: 내년에 한국에서 "재포장 금지"가 발효, 시행될 것입니다. 재포장 금지는 이미 포장된 제품은 다시 묶어 포장할 수 없다는 것입니다. 포장 폐기물을 줄이기 위해 추가 포장에 대한 금지가 일찍 도입되었지만, 실제로는 회사들과 유통 업체들이 금지 사항을 준수하지 않는 경우가 많습니다. 이러한 현상을 방지하기 위해 정부는 독일의 포장법을 참조하여 제품에 대한 종합적인 관리 및 통제 시스템을 도입해야 한다고 결정했습니다. 또한 모든 포장재는 시스템 내에서 제조 업체의 책임하에 관리될 것입니다.

진행자: 이 흥미로운 대화에 감사드립니다!

Lektion 9

독일의 Zero Waste Shop

No 플라스틱 : 제로 웨이스트 샵

아나운서: 2016년 독일에서는 1인당 약 220kg의 포장 폐기물이 발생했습니다. 포장 폐기물을 줄이기 위해, 이미 2003년 보증금 제도가 (판트 시스템) 독일에 도입되었습니다. 일반적으로 보증금은 플라스틱이나 유리 그릇과 같은 소비재를 판매자나 취급자에게 반환하여 그 재료를 재사용할 수 있도록 하는 시스템입니다. 소비자에 대한 인센티브를 높이기 위해, 소비재를 반환할 때 한 가격, 즉 보증금을 반환합니다. 이 금액은 소비재의 종류에 따라 다릅니다. 독일에서는 기본적으로 두 가지 유형의 포장 보증금이 있습니다: 일회용 용기는 25센트, 다회용 용기는 최대 15센트입니다.

2014년 정부 규제와 병행하여 "쓰레기가 없는 가게"라는 대안이 실행되었습니다. 이들은 일회용 포장재나 플라스틱을 완전히 없애 지속 가능한 해법을 통해 플라스틱 광기를 막기 위해 포장재 및 플라스틱 없는 제품만을 제공하는 슈퍼마켓입니다. 이러한 비포장 상점들은 현재 전국적으로 유행하고 있으며, 포장재 없는 쇼핑을 위한 진정한 기회를 제공하고 있으며, 포장재가 없는 슈퍼마켓 또는 "포장되지 않은 상점"에서는 원칙적으로 일회용 포장용기 없이도 판매될 수 있습니다. 이러한 상점들은 모든 상품을 "비포장(개방)" 상태로 제공하거나 필요 시 재사용 가능한 용기에 담아 제공하며 매우 간단하게 작동합니다.

고객들은 빈 병이나 용기를 가지고 가게로 가서 필요한 양의 음식을 채우고, 상품의 무게를 재고 마지막에 비용을 지불합니다. 이러한 플라스틱이 없는 가게들의 개념은 확실히 미래 지향적입니다. 구매와 소비 후에 버려지는 많은 양의 플라스틱 포장재를 절약할 수 있습니다. 또한, 실제로 가정에 필요한 양만큼만 구입하기 때문에 식량 낭비를 줄이는 데 도움이 됩니다. 또 다른 장점은 대부분의 가게들이 지역 현지에서 생산된 제품을 공급한다는 점입니다. 그러나 상대적으로 적은 수량을 구매하기 때문에 일반 슈퍼마켓보다 제품 가격이 일반적으로 더 비싸다는 단점이 있습니다.

Lektion 10

채식주의의 장단점

채식주의 : 장단점

마티나: 안녕, 어서 들어와! 오늘 와 줘서 너무 기뻐!

다빗: 물론이지! 초대해 줘서 고마워. 오늘 밤 뭘 먹게 될지 기대되네. 준비할 게 많았니?

마티나: 아니, 전혀. 오늘 밤 맛있는 채식 음식으로 저녁 식사를 대접할 수 있는 영광을 다시 누리게 되어서 정말 기뻐! 맛있게 먹었으면 좋겠고 네 자신을 믿고 스스로 시험대에 올라와 준 것 고마워.

다빗: 나는 오래전부터 채식주의 음식이 얼마나 맛있는가에 관심이 있어서 오늘 여기 있는 것이 좋아. 근데 너 언제부터 채식주의자인 거야?

마티나: 나는 사춘기 때부터 채식주의로 식사를 했어. 우리 가족 모두가 채식으로 식사하기 때문에 아마도 우리 가족이 내가 채식주의자가 되게끔 기여한 것 같아. 내가 13살 때, 부모님은 고기를 드시지 않기로 결심하셨어. 내 식습관을 한 번에 바꾸는 것은 쉽지 않았고, 그래서 그 사이에 고기를 다시 먹은 적은 있었지만 그 때마다 뱃속이 매우 이상하게 느껴졌어. 아, 맞아. 그런데 채식주의의 장점은 모든 문명적인 질병, 예를 들어 심혈관 질환과 고혈압이 채식주의자들에게는 드물게 발생하고 몸이 포화 지방과 콜레스테롤을 덜 흡수한다는 거야. 또한, 채식주의 식단은 환경을 보호하고 동물 식품을 제조하는 것보다 적은 자원을 소비하지.

다빗: 흥미롭네. 하지만 나는 사람들이 균형 잡힌 식습관을 가져야 한다고 생각해. 즉, 다양하게 골고루 섭취하고 가능하면 제철 음식, 지역에서 생산되는 재료를 섭취해서 탄수화물, 단백질, 지방, 비타민과 미네랄과 같은 모든 영양소의 수요를 충족시켜야 해.

마티나: 물론이지. 균형 잡힌 식습관은 삶에서 이미 매우 중요하기 때문에 나는 매일 내가 무엇을 먹는지 매우 주의하고 있어. 과거에 식물성 식품에 대해 잘 분석해서 동물성 식품을 먹지 않고도 영양분과 비타민, 단백질, 요오드, 아연, 철 등을 충분히 섭취했어. 채식주의자로 사는 것은 가끔 어려워. 예를 들어, 친구와 함께 해외 여행을 갈 때, "채식주의자"라는 용어가 덜 확립된 곳에는 채식주의 식당들이 많지 않아. 그리고 일상생활에서 사람들은 때때로 채식주의를 이해하지 못하고 나를 설득하려고 해. 또한 살림을 하는 데 있어서는 다양한 채식주의적 식단을 구입한다는 것은 종종 추가 비용과 관련되어 있기 때문에 상대적으로 많은 비용을 들여야 하지. 그럼에도 불구하고 나는 내 식습관에 매우 만족해. 하지만, 알아 두어야 할 점은 나는 친구나 지인들에게 채식을 강요하는 것은 아니야. 본인이 좋은 방향으로 결정해야지! 자, 직접 만든 채소 굴라쉬 맛이 어때?

다빗: 음… 맛있네! 진짜 놀랍다! 요리해 줘서 고마워. 그리고... 맛있게 먹자!

Lektion 11

너무도 다양한 다이어트

전문가가 말하는 다양한 다이어트

진행자: 여러분, 신년 첫 방송에 오신 것을 환영합니다. 여러분은 분명히 새해를 위한 좋은 계획을 세웠습니다. 여러분은 합리적이거나 혹은 균형 잡힌 식습관을 유지하고 싶고 체중을 유지하거나 심지어 조금 더 빼기를 원하며, 이 소원은 많은 사람들의 새해 계획 목록의 상위에 위치하고 있습니다. 오늘은 어떻게 당신의 소원이 이루어질 수 있는지 쇠네베어거 박사님이 설명해 주실 겁니다. 안녕하세요, 반갑습니다. 저는 몸을 잉여 물질에서 자유롭게 하기 위해 규칙적으로 단식을 하는데요. 규칙적인 단식 또한 일종의 다이어트 중 하나인가요?

쇠네베어거 박사: 기본적으로 다이어트는 장기적으로나 혹은 일정 기간 동안 진행되는 통제와 의식적인 식단을 의미합니다. 원래 식이요법의 목표는 항상 체중을 줄이는 것이 아니지만 많은 사람들이 체중을 줄이는 것이라고 생각합니다. 식습관에는 각각 특별한 식생활 원리에 근거한 많은 종류의 식단이 있는데요. 가장 잘 알려진 것은 단백질 다이어트와 저탄수화물 다이어트입니다. 단백질 다이어트는 탄수화물을 지양하고 단백질에 집중합니다. 짧은 시간 내에 근육을 강화하고 몸을 형성하려는 사람들에게 이 단백질이 풍부한 식단이 권장되지요. 이 부분에서는 동물 단백질과 식물 단백질이 모두 포함됩니다. 그러므로 사람들은 채식주의적, 또는 비건 방식으로 섭취할 수 있습니다. 계란, 저지방 고기 또는 유제품들은 이 식이요법의 목적에 매우 적합합니다. 저탄소 다이어트는 현재 유행하고 있으며, 그것의 핵심 요지는 탄수화물을 적게 먹는 것입니다. 탄수화물 섭취는 전체 칼로리의 최대 26%로 제한됩니다. 탄수화물을 최대한 적게 섭취하지만, 단백질이 풍부한 식품인 고기, 생선, 채소, 콩 종류의 식품과 유제품을 더 많이 섭취합니다. 하지만 복합 탄수화물의 지양에 관련해서 무리하지는 마세요!

진행자: 체중 감량에 어떤 다이어트가 도움이 되는지 어떻게 알 수 있을까요? 다이어트는 어떤 기준에 따라 결정할까요?

쇠네베어거 박사: 우리는 다이어트 정글에서 살고 있고, 다이어트 관련 개요를 이해하기가 힘듭니다. 모든 다이어트가 장단점을 가지고 있기 때문에 결국 어떤 다이어트가 가장 적합한지 판단하기 어렵죠. 목표는 체내 편안함을 느끼고 자신의 일상생활에 가장 적합한 식이요법을 선택하는 것입니다.

진행자: 쇠네베어거 박사님, 재미있는 대화에 감사드립니다. 그리고 여러분 모두에게 성공을 빕니다.

Lektion 12

코로나 바이러스에 대한 독일의 대응

코로나 바이러스 : 독일이 위기에 대응하는 방식

아나운서: 약 1 년 전 중국 우한시에서 새로운 유형의 코로나 바이러스가 출현했습니다. 얼마 후, 세계보건기구는(WHO) 세계적인 유행병이 된 원인을 알 수 없는 새로운 폐 질환에 대해서 언급했습니다. 중국에서 발생한 첫 번째 질병 이후 신종 코로나 바이러스는 전 세계적으로 상당히 빠르게 확산되었습니다. 수백만 명의 사람들이 감염되었고, 수십만 명의 사람들이 사망했습니다. 우리는 독일의 코로나 유행병을 연대순으로 요약했습니다.

독일에서는 코로나 바이러스와 관련된 새로운 감염 및 사망 사례가 점점 더 많이 알려지고 있습니다. 2020년 1월 27일 바이에른에서 독일의 첫 번째 사례가 알려졌습니다. 그 감염자는 그와 함께 회사 교육 과정을 수강한 상하이에서 온 중국인 동료에게 감염되었습니다. 그 이후로 바이러스는 상당히 빠르게 확산되었으며, 현재 독일에서 2백만 명이 넘는 사람들이 코로나 바이러스에 감염되었거나 여전히 감염되어 있습니다. 연방 정부와 민간 기업도 대인 접촉 금지 및 보호 마스크 착용 등 다양한 조치를 취했습니다. 또한 독일은 처음부터 코로나 유행병과 관련하여 다음과 같은 원칙을 고수했습니다: 우리는 집에 머물러야 합니다. 따라서, 당분간 대인 접촉을 크게 최소화하거나 아예 피하는 것이 중요합니다.

조치 및 이행에 관하여, 연방 및 주 정부는 지속적으로 적극적으로 협력 중이며, 공통 코로나 규칙을 구성했지만 연방주의 원칙에 따라 주에 따라 각기 다르게 시행됩니다. 즉, 연방 정부가 기준을 설정하고 주정부가 자체 재량에 따라 개별적 방법으로 이를 수행안다는 것을 의미합니디. 바이러스를 봉쇄 및 억제하기 위해 연방 및 주 정부는 거리를 두는 규정과 보호 마스크를 착용하는 위생 규칙에 추가로 사회적 봉쇄 조치를 취했습니다. 공공 장소에서의 사적인 회의는 한 가정과 다른 한 가정으로 축소되며 최대 5명까지 만날 수 있으며, 14세 이하의 어린이는 인원 수 계산에 포함되지 않습니다. 일상 용품을 제공하지 않는 식당 및 소매점은 문을 닫거나 포장전용으로만 음식을 제공할 수 있습니다.

지금까지 2백만 명이 넘는 사람들이 코로나 바이러스에 감염되었고 매일 20,000건 이상의 새로운 감염이 보고되었기 때문에 연방 및 주 정부는 코로나 상황을 통제하기 위한 추가 규칙에 대해 협의하고 있으며, 아마 야간 통행금지 및 재택 근무 의무로 봉쇄를 연장할 것입니다. 사적인 회의는 자신의 가정 내에서만 허용되며 그 가구에 거주하지 않는 최대 한 명의 다른 사람만이 허용됩니다.

Lektion 13

불행했던 세 음악가

세 유명한 작곡가 : 비극적 운명

진행자: "정원의 클래식"에 오신 것을 환영합니다. 클래식 음악에 대해 이야기할 때 비엔나를 그냥 지나칠 수는 없습니다. 볼프강 아마데우스 모차르트, 루드비히 판 베토벤, 프란츠 슈베르트와 같은 역사상 가장 유명한 작곡가 중 일부는 여기 비엔나에 중요하면서도 눈에 띄는 흔적을 남겼습니다. 이 작곡가들의 또 다른 공통점은 그들이 모두 운명에 의해 심하게 영향을 받았다는 것입니다. 베커 씨, 모차르트의 전기(자서전)에 대해 조금 말씀해 주세요.

베커: 모차르트는 천재였고 6살 때 열정적인 귀족들 앞에서 피아노를 연주하고 작곡했습니다. 잘츠부르크에서 태어난 그는 독립을 위해 비엔나로 이주했으며 돈 조반니와 피가로의 결혼 등 많은 훌륭한 오페라를 썼습니다. 그의 성공에도 불구하고 그는 자신의 재정 수준을 넘어서 살았기 때문에 죽을 때까지 계속 재정적 어려움을 겪었습니다. 그의 명성에 반하여, 소수의 사람만이 눈과 비가 내리는 날 그를 도시 외곽의 성문으로 데려왔고 그는 결국 가난한 자들을 위한 무덤들 중 하나에 묻히게 되었습니다.

진행자: 세계적으로 유명한 루트비히 판 베토벤도 이곳에서 불행한 시간을 보냈나요?

베커: 그의 화려한 경력에도 불구하고 그는 사적으로 끊임없이 나쁜 시기에 있었습니다. 독일에서 태어난 그는 비엔나에 왔고 그의 음악적 재능 덕분에 귀족들에게 빠르게 접근할 수 있었습니다. 불행하게도 그는 그의 경력 초기부터 난청으로 고통받았으며, 몇 년 후 완전한 청각 장애로 이어졌습니다. 그가 세계적으로 유명한 9번 교향곡을 작곡했을 때 그는 이미 완전히 귀머거리였습니다. 이 청각 장애는 그의 삶을 크게 제한했고, 그리하여 그를 어려운 인생의 단계로 몰아넣었습니다. 일상생활에서 그는 종종 극도로 변덕스럽고 점차 사회 생활에서 물러났습니다. 그는 56 세의 나이에 간경변으로 사망했습니다.

진행자: 프란츠 슈베르트의 삶은 어땠나요?

베커: 그는 그의 위대한 롤모델인 루드비히 판 베토벤을 따랐으며, 31세의 나이에 사망했지만 풍부하고 다양한 작품을 남겼습니다. 그는 그의 작품으로 음악의 새로운 기준을 세운 위대한 루드비히 판 베토벤과 힘든 싸움을 벌였습니다. 슈베르트는 종종 자신의 작품과 힘겹게 싸웠고, 그에 따라 그의 작품들 중 일부는 미완성으로 남았습니다. 오랫동안 그는 매독과 알코올 중독에 시달렸고 끊임없이 불행에 맞서 싸웠습니다. 그는 심지어 자신에 대해 "나는 세상에서 가장 불행하고 가장 비참한 사람처럼 느낀다"라고 기술했습니다.

Lektion 14

계이름을 발명한 사람

누가 계이름을 발명했을까?

발표자: 우리는 종종 클래식 음악을 듣지만 지금까지 근본적인 질문에 대해서는 다루지 않았습니다. 누가 음절을 발명했으며 왜 톤이 도, 레, 미 등으로 불릴까요? 11세기에 수도사 귀도 폰 아레초는 이탈리아 도시 아레초에서 성악 선생님으로 일했습니다. 당시 학생들은 모든 멜로디를 외워야 했고 모든 성가의 합창을 외우는 데 보통 10 년 이상의 시간이 걸렸습니다. 그는 새로운 발명품으로 학생들이 가능한 한 많은 학습 시간을 절약할 수 있도록 돕고 싶었습니다. 그는 먼저 네 줄로 구성된 음표 체계를 구축하였고 그 줄 위에 음표를 표기하고 동시에 멜로디를 함께 표기하였습니다. 이 음표 체계에서는 오늘날 우리가 알고 있듯이 낮은 음은 하단에 있고 높은 음은 상단에 위치해 있습니다. 추후 이 음표 체계는 라인을 하나 추가하는 것으로 보완되었습니다. 그는 또한 음표를 기억하기 쉽게 만드는 기술을 발명했습니다. 개별 음절의 이름은 요하네스의 신성한 라틴 찬송가의 첫 번째 절 부분인 Ut, Re, Mi, Fa, Sol, La의 절개 부분에서 참고하였습니다. 귀도 폰 아레초가 사용하는 이 음절의 이름을 따서 일반적으로 노래 연습을 위한 텍스트 기반로 사용했던 명칭을 학문적으로 "솔미제이션"이라고 하며 음정과 음도에 따른 음의 재현을 형성합니다. 이전의 솔미제이션은 매우 복잡한 규칙을 가지고 있었기 때문에 17세기 후반에 도입된 헥사코드에 의해 대체되어 사용되지 않았습니다. 어려운 발음을 이유로 음절 Ut는 추후 라틴어로 "신"을 의미하는 "도미누스"의 "도"로 대체되었습니다. "라"와 "도" 사이에 일곱 번째 음표가 추가되었고 "시"라고 이름이 붙여졌는데, 이 이름은 단어 Sante Iohannes (Johannes)에서 파생되었습니다. 도, 레, 미 등의 음계 이름은 프랑스와 같은 다른 로만어 국가에서는 보편화되었지만 독일이나 영어권 국가에서는 거의 수용되지 않았습니다. 대신 알파벳 문자인 C, D, E, F, G, A, H (영어권 국가의 경우 B)가 해당 국가에서 사용됩니다.

Lektion 15

패션쇼에 숨겨진 이야기

패션쇼 이야기

진행자: 올해 베를린 패션위크가 다시 열리고, 우리는 당신에게 최신 패션 트렌드에 관해 계속 알려 드리고자 합니다! 본론으로 들어가기 전에 패션쇼와 관련된 몇 가지 기본적인 질문에 답할 시간입니다. 크레취머 씨, 인터뷰에 참여해 주셔서 감사합니다. 첫 번째 질문은 패션쇼의 탄생에 관한 것입니다. 패션쇼는 언제 시작되었나요?

크레취머: 패션쇼에 대해 이야기할 때, 일반적으로 파리의 고급 재단 기술과 맞춤화 된 독특한 것을 의미합니다. 이 작품들은 마네킹에 드리워져 있으며 시즌마다 패션쇼 런웨이에 올려집니다. 영국의 패션 디자이너 찰스 프레데릭 워스는 파리의 뤼드라페에 첫 패션 하우스를 설립하고 프랑스 취향으로 패션계 전체를 정복했습니다. 그는 카운터 앞에 여자 모델을 세워 자신의 컬

렉션을 시연하고 선보인 최초의 인물이었습니다. 이전에는 컬렉션의 디자인이 인형으로만 선보였습니다. 그래서 그의 시연은 당시 "생물에 대한 시연"이라고 불렸습니다. 이 시연은 그의 컬렉션 디자인이 이미 몸에 맞게 재단되었기 때문에 그것을 즉시 재 작업할 수 있다는 장점이 있었습니다. 오늘날 패션쇼는 모델들을 통해 런웨이(캣워크) 위에서 패션을 선보이는 이벤트를 의미합니다. 가장 유명한 패션쇼는 오뜨꾸뛰르, 쁘레따뽀르떼 및 플러스 사이즈 패션쇼입니다. 전자는 파리에서 일 년에 두 번, 다른 하나는 뉴욕, 밀라노, 런던 등의 패션 수도에서 열립니다.

진행자: 패션쇼를 보면 옷이 너무 추상적이고 특이해서 저와 같은 많은 사람들이 과연 누가 이런 옷을 살 것인지 궁금해할 것 같습니다. 패션쇼의 목적은 무엇인가요?

크레취머: 원래의 목적은 단순히 패션을 판매하고 가능한 한 최상의 조명으로 새로운 컬렉션을 선보이며 이를 다른 수준으로 올리는 것입니다. 반면에 현대 패션쇼는 디자이너 브랜드를 전면에 배치하는 또 다른 목적을 가지고 있습니다. 이러한 이유로, 패션 하우스들은 아마도 낭비라고 여겨질 수 있는 쇼 장식에 초점을 맞추고 있습니다.

진행자: 인터뷰에 응해 주셔서 감사합니다!

Lektion 16

학교의 다문화 교육이 필요한가?

학교에서의 다문화적 능력

진행자: 우리는 오랫동안 다문화적이고 다채로운 사회에서 살고 있습니다. 특히 대도시에서는 소규모 지역 사회에 비해 경제적 그리고 문화적으로 더 두드러지기 때문에 흔히 세계화의 영향, 즉 이민과 인구 통계학적 변화에 종종 직면합니다. 독일 학교에서의 문화적 다양성이 증가함에 따라 이제 교사와 학생들이 다문화적 역량을 계발해야 한다는 요구가 증가하고 있습니다. 학교 및 지속 교육에서의 다문화 역량 분야의 강사인 미아 그로스 씨가 앉아 계십니다. 그로스 씨, 독일 학교에서의 다문화 능력이 중요하다고 생각하십니까?

그로스: 물론입니다. 학교는 청소년들이 언어, 문화 및 종교와 같은 다양함과 다양성을 정기적으로, 장기간에 걸쳐 직면하는 곳입니다. 심리학적으로 "문화적 역량"이라는 용어는 자신의 행동과 타인의 행동에 대한 문화적 영향에 대한 인식을 의미합니다. 다문화적 학습은 출신에 대한 고정관념을 방지하고 어린이와 청소년이 다원적이고 민주적인 사회를 형성하는데 참여하도록 동기와 능력을 부여하기 때문에 교육 기관에서 가능한 한 빨리 다문화 능력을 계발해야 한다고 생각합니다.

진행자: 많은 독일 학교에서는 이미 서로 다른 규범과 가치를 가진 서로 다른 출신의 교사와 학생이 한 지붕 아래에서 가르치고 배우는 경우가 많습니다. 문화적 차이와 그로 인해 발생하는 문제를 적절하게 처리할 수 있도록 교사가 다문화 교육을 받는 것도 마찬가지로 중요하다고 생각하십니까?

그로스: 교사가 다문화 역량이 필요할지 여부는 오늘날 논란의 여지가 있지만 제 생각에는 그 역량이 분명히, 절대적으로 필요하다고 생각합니다. 이를 위해 교사를 위한 적절한 트레이닝 및 추가 교육 프로그램이 제공되어야 합니다. 문화적 다양성은 또한 많은 교육적 문제를 야기할 수 있기 때문에 교사는 문화적 차이를 민감하고 유연하게 관리하고 교육적으로 적절하게 대처하도록 노력해야 합니다. 예를 들어, 다른 종교를 가진 학생들 사이에 위기가 발생한 경우, 교사는 독일의 도덕적, 문화적 가치를 중립적 방식으로 학생들에게 전달할 수 있어야 합니다: 폭력은 없고 모든 사람은 평등합니다.

진행자: 설명해 주셔서 감사합니다!

Lektion 17

조기 교육의 실효성

조기 교육

진행자: 자신의 아이를 가능한 한 빨리 발달시키려는 욕구가 최근 널리 퍼지고 있습니다. 그렇다면 조기 교육은 정확히 무엇을 의미할까요? 프랑크푸르트 대학 교육학과 강사인 카롤라 비제만 박사가 이 사안에 대해 자세히 설명하겠습니다. 비제만 박사님, 어서 오세요.

비제만 박사: 조기 교육은 기본적으로 출생부터 취학 전인 6세까지의 어린이 교육과 장려를 위한 모든 조치를 포함하여 일컫는 말입니다. 이것은 주로 아이들의 정신적, 도덕적, 문화적 발전을 장려하는 것이며 독일에서의 조기 교육은 주로 어린이집과 유치원에서의 보살핌, 다양한 취학 전 프로그램의 제공, 그리고 단체에서의 다양한 어린이 프로그램 등의 형태로 진행됩니다.

진행자: 전문가들은 조기 교육에 대해 어떻게 생각하나요? 그리고 만약 찬성의 입장이라면, 왜 취학 전 조기 교육은 할 만한 가치가 있을까요? 이것이 또한 큰 단점도 가지고 있지 않을까요?

비제만 박사: 조기 교육은 후기 교육 및 발달에 대한 기본 기반을 마련하고, 학교에서 성공적인 교육 커리어를 이끌어낼 수 있는 기술을 제공하기 때문에 중요합니다. 교육 시스템 관련, 아이들이 그들 지식 중의 작은 부분만 시스템을 통해 얻는다는 것과 모든 초등학교, 청소년기, 삶에서의 교육 과정들의 뿌리는 이미 어린 시절에 있다는 것이 과학적으로 증명되었습니다. 이러한 이유로 전문가들은 태생부터 취학연령이 시작될 때까지 행해지는 아이들의 질 좋은 조기 교육, 보육, 그리고 양육이 더 나은 교육 성과와 동등한 기회 또는 더 나은 기회를 가져다준다고 주장합니다. 동시에, 조기 교육은 또한 비판적으로 고려할 수 있는데, 그것은 바로 부모가 아이들의 성격과 상관없이, 그들의 이루지 못한 소원을 성취하기 위해 자녀들에게 무의식적으로 영향을 미친다는 것입니다. 또 다른 단점은 부모들이 외부 기관에만 양육을 맡기는 것입니다. 대부분의 교육이 가정 밖에서 이루어지면, 아이들의 스트레스 수준을 상당히 증가시킬 수 있습니다. 요약하자면, 부모들은 조기 교육을 과장하여 진행하지 않게 균형을 찾아야 하고, 아이들이 스스로 추가적인 사안을 요구할 때까지 시간을 가질 수 있어야 한다고 말씀드립니다.

Lektion 18

독일의 엘리트 대학교

독일의 엘리트 대학교

진행자: 대학 입학 자격을 얻은 후 사람들은 대학에서 공부하는 것을 고려합니다. 미국과 마찬가지로 독일에는 소위 엘리트 대학이 있습니다. 교육 전문가로서 "엘리트 대학교"라는 칭호가 부여되는 의사 결정 기준이 무엇인지, 그리고 이름에서 알 수 있듯이 대학이 더 나은 교육을 보장하는지 여부를 설명해 주십시오.

베버: 엘리트 대학이라는 용어는 최고의 대학을 의미하며 학술적 유지, 관리의 뛰어난 품질을 특징으로 하는 대학을 일컫습니다. 엘리트 대학은 일반적으로 재정적으로 자금이 적절하거나 충분하며 대학 순위에서 최상위에 있습니다. 이전에는 독일에 주립 엘리트 대학이 없었는데, 이는 모든 대학이 동등하기 때문입니다. 그러나 엘리트 대학의 개념은 전 세계의 학생들을 유치하기 위해 설계되고 도입되었습니다. 최고의 대학은 다음 기준에 따라 선정됩니다: "... 학문적 우수성, 현대적인 경영, 학생의 우수한 지원, 국제화 및 비 대학 연구 기관과의 협력."

진행자: 하버드대 및 예일대와 같은 많은 미국 대학이 실제로 전 세계적으로 좋은 평판을 얻고 있기 때문에 이 엘리트 대학 개

념은 흥미롭게 들립니다. 이러한 컨셉이 현장에서 실제로 얼마나 성공적으로 수용되었습니까? 하이델베르크 대학교의 교육학과 학생인 요하나 벤츠 씨가 여기 참석했습니다. 벤츠 씨, 이 전국적인 교육 및 장려 개념에 대해 어떻게 생각하십니까?

벤츠: 이미 "엘리트"라는 용어가 이미 불평등을 의미합니다. 왜냐하면 이 단어는 "모든 사람을 위한 것이 아님"을 의미하기 때문이죠. 저는 엘리트 대학에서 공부하지만, 특히 주정부의 지원을 받는 엘리트 대학이 궁극적으로 명성에 기여할 뿐이고 현장에서의 교육 및 학습의 질을 크게 향상시키는 데 기여하는 점은 없지 않을까 두렵습니다. 엘리트 대학이 위치한 도시의 생활비는 일반적으로 다른 도시보다 높으며 재정적 자원으로 인해 비용을 감당할 수 없는 사람들은 불이익을 받습니다. 교육은 모두를 위한 것입니다. 즉, 모든 사람이 교육 기회에 접근할 수 있어야 합니다.

진행자: 이 흥미로운 의견 교환에 진심으로 감사드립니다!

Lektion 19

독일의 환경 구역과 환경 스티커

독일의 환경 구역과 환경 스티커

아나운서: 안녕하세요. 신사 숙녀 여러분. 타게스저널에 오신 것을 환영합니다. 현재 베를린, 만하임 그리고 슈투트가르트와 같은 도시들에 대기 중 질소산화물과 미세먼지를 감소시키기 위해 50개 이상의 환경 지역이 도입되어 있습니다. 연방 대기오염 방지법에 따라, 알맞은 환경 스티커를 앞유리에 부착해야 하며, 스티커는 예를 들어 차량 등록 관청에서 5~20유로에 구매할 수 있습니다. 이 규정을 위반할 경우 80유로의 벌금이 부과됩니다. 이 규정에서 오토바이, 의료용 차량, 경찰, 소방 및 군용 차량은 제외되는데요. 지금부터 당신이 자동차에 어떤 색상의 스티커를 부착해야 하는지 간략히 살펴보겠습니다.

도시 내에서는 통행 금지 구역이 법적 표지판을 통해 명시됩니다. 추가 표지판에는 색상을 띤 스티커가 표시되는데, 이는 그 색에 해당하는 오염 물질 그룹이 통행금지에서 제외된다는 것을 의미합니다. 각 도시는 어떤 구역으로 어떤 스티커를 부착한 차량이 진입할 수 있는지 독립적으로 결정할 수 있습니다. 현재 색상은 4가지 범주로 나뉘어져 있는데, 오염물질 그룹 2는 적색, 3은 노란색, 4는 녹색으로 분류되며, 이는 현재 가장 좋은 분류로 간주됩니다. 대부분의 환경 구역에서는 녹색 스티커가 있는 차량만 허용됩니다. 오염 물질 그룹 1은 스티커가 없습니다. 최근에 이 범주의 구분과 관련하여 산화질소를 적게 배출하는 경유 차량에 대해 "파란색 스티커"를 도입할 것인지에 대한 논의가 뜨거웠는데요. 그러나 이것은 현재까지 아직 도입되지 않았습니다. 또 다른 중요한 점은 전기 차량에도 마찬가지로 스티커가 필요하므로 스티커 부착 규정에서 제외되지 않는다는 점입니다. 만약 당신이 당신의 차량이 어떤 범주에 속하는지 알고 싶다면, 자동차 등록증에 기록된 대기오염 관련 코드 번호를 참조해 주세요. 그럼 즐거운 운전하시고 목적지에 잘 도착하십시오!

Lektion 20

볼로냐 프로세스 - 성공적인 개혁인가?

볼로냐 프로세스 - 성공적인 교육 개혁인가?

발표자: "볼로냐 프로세스: 성공적인 교육 개혁인가?"라는 강연에 오신 것을 진심으로 환영합니다. 제 이름은 하네스 로스베어크이고 프랑크푸르트 대학교 교육학과의 강사입니다. 저는 2010년 초에 디플롬 학위를 취득하여 졸업했고 제 학생들은 학

사 학위를 공부하고 있습니다. 우리는 모두 같은 나라에 있지만 그 사이에 무슨 일이 일어났을까요? 이것은 이미 1999년에 결정된 볼로냐 프로세스와 관련이 있습니다. 성명서에서 29개 유럽 국가들은 우선 학사 - 석사 시스템 도입을 약속했습니다. 이에 따라 독일 마기스터 및 디플롬 학위가 학사 - 석사 학위로 전환되었으며 동시에 유럽 전역에 적용되는 통일된 평가 프레임인 ECTS가 도입되었습니다.

교육 개혁을 긍정적이거나 부정적으로 볼 수 있는 다양한 측면이 있습니다. 지지자들은 학위 과정 커리큘럼에 고정 명시된 인턴십 및 프로젝트와 같은 많은 응용 중심의 강의를 활용할 수 있어 이익을 얻을 수 있다고 주장합니다. 또한 교육 개혁은 유럽연합 내에서 더 높은 사회적 이동성을 가능하게 했으며 해외에서 취득한 학업 성과에 대한 인정을 단순화했습니다. 반대자들은 학업 기간이 짧아지면서 수업 내용이 축소되었다고 주장합니다. 이런 의미에서 학사 졸업생은 "모든 것에 대해 뭔가를 할 수 있지만 실제로 아무것도 제대로 알지 못하는" 제너럴리스트로 간주될 가능성이 더 높기 때문에 취업 시장에서 나쁜 평판을 얻습니다. 실제로 튀링엔의 일메나우 공대나 작센주의 대학과 같은 일부 대학은 예전 마기스터 - 디플롬 학위를 유지하기로 결정했습니다. 이전 시스템으로 돌아가는 또 다른 중요한 이유는 학사 학위 후 계속해서 석사 학위를 수학할 수 있는 자리가 없는 경우가 많기 때문입니다. 마지막으로, 저는 많은 학생들 자신이 아마도 지지자도 반대자도 아니며 단순히 현재의 교육 과정의 영향을 받는 사람들임을 언급하고 싶습니다. 학사 학위로 취업할 때 종종 원하는 직업을 얻는 것이 어렵습니다. 따라서 업무 환경에 있는 인사 부서의 관점의 전환이 절실히 필요합니다. 경청해 주셔서 감사합니다!

빈칸 채우기 정답

Lektion 1 빈칸 채우기 p.14

verraten, haben, äußerst, konsumiert, Sternekoch, heranzukommen, stammt, aus, Belohnung, gereicht, Römer, Rezept, verfasst, Mittelalter, enttäuscht, verknüpfe, mit, Metzgern, Verkauf, Privathäusern, zerfiel, 300, Staaten, ergeben, sich, 1500, unterscheiden, sich, zerkleinerten, grob, zum, großen, Teil, bestehen, verzehrt, Ernährungswende, so, viel, zum, Thema, Gegensatz, umstritten, patentieren, verschwindet, hervorragend

Lektion 2 빈칸 채우기 p.20

Wahrzeichen, Demnach, verbirgt, sich , hinter, vermitteln, Geschichte, Auftrag, würdevollen, entworfen, sich, orientiert, ersetzte, den, Maßen, Durchgänge, Statue, übersehen, Dieser, zu, geschaffen, Zuerst, Niederlage, verschleppt, sowohl, als, auch, beschädigt, abschließenden, jüngsten, fungiert, als, hierfür, Sperrbereich, unzugänglich, Großteil, entwickelt, Sammelpunkt, anziehen

Lektion 3 빈칸 채우기 p.27

Rund, um, geistert, zustande, kam, erläutern, der, entspricht, zum, Teil, zwar, aufgelöst, aber, sondern, vorgetragen, beschäftigen, entstanden, Staatsregime, Kollaps, eskalierte, Krawallen, Regime, legendären, übertragen, Reiseregelung, verkünden, erarbeitet, Vorgaben, unautorisiert, unbürokratischen, gedrückt, unbesehen, Voraussetzungen, erteilt, unverzüglich, Inwiefern, involviert, Inkrafttretens, Kenntnis, Bekanntgabe, Zettel, Überschrift, lediglich, geriet, Presseverkündung, Ereignis, Zusammenbruch, sei, gestürmt, Improvisation, dem, nachgeben, Fugen, geriet, nicht, Endeffekt, Wiedervereinigung, Zusammenfassend, Irrtum, Einsturz

Lektion 4 빈칸 채우기 p.35

Literaturkreis, regelmäßige, angekündigt, Rezensionen, merkwürdige, überlegt, Gesichter, Schwachsinn, gezweifelt, existieren, Verschwörungstheorien, besagen, annähernd, Pseudonym, keinerlei, Aufzeichnungen, Auszug, Original, glauben, lässt, Spekulationen, Gerüchte, beweisen, anführen, Werke, Genies, außergewöhnliche, Lebensspuren, Heiratsurkunde, Testament, denselben, ähnlichem, hierbei, keine, Regeln, anbelangt, Aufmerksamkeit

Lektion 5 빈칸 채우기 p.42

bundesweiten, Existenz, Sorgen, Lebensunterhalt, Im, Namen, Sozialleistungen, zustehen, Absicherung, Mehrheit, Gewährleistung, Daseinsvorsorge, Vorrang, Antrag, auf, beantragt, ausgezahlt, Voraussetzungen, Weiterhin, Anspruch, einzureichen, Stand, Vollendung, ab, bewilligt, Antragstellende, einzulegen, verwenden

Lektion 6 빈칸 채우기 p.49

umfangreicher, notiert, verklebt, unlesbar, Hilfe, entziffern, derbe, offenbar, Sexualität, liest, Sexualaufklärung, aufklären, Schreibstil, Pubertät, schriftstellerisch, verrät, Nachhinein, Passagen, Ikone, Weltkulturerbe, Bestandteil, an, Macht, deportiert, Aufzeichnungen

Lektion 7 빈칸 채우기 p.56

grüner, vorgeschriebene, Gesetzesnovelle, von, auf, umweltverträglich, Förderung, konzipiert, konsequenter, verheerende, umzubauen, Vergütungen, Abnahme, Einspeisung, Anteil, bei, liegt, betragen, Erzeugung, treibhausgasneutral, zielt, ab, Akzeptanz, Reform, künftig, Beteiligung, rechtlich, treten

Lektion 8 빈칸 채우기 p.63

nimmt, zu, Verpackungsabfälle, getreten, Vertreiber, Umlauf, registrieren, verpflichtet, ergänzt, recycelt, Verstoß, existiert, angemessene, Verkehr, umfassend, reguliert, gebündelt, Umverpackung, an, halten, Phänomen, Rahmen, Verantwortung

Lektion 9 빈칸 채우기 p.70

verursacht, Pfandsystem, Gebrauchsgüter, Substanz, Anreiz, Wert, Wesentlichen, Parallel, zur, auf, verzichten, im, Trend, angesagt, Prinzip, wiederverwendbaren, abwiegen, Konzept, Unmengen, Lebensmittelverschwendung, erzeugte, verhältnismäßig, Regel

Lektion 10 빈칸 채우기 p.76

hereinspaziert, hochgespannt, enorm, Ehre, verzaubern, getraut, die, Probe, interessier, Pubertät, beigetragen, sich, ernähren, Essgewohnheiten, sich, angefühlt, Zivilisationskrankheiten, auftreten, gesättigte, Fettsäuren, schont, Ressourcen, ausgewogen, abwechslungsreich, saisonal, Bedarf, decken, wichtige, Rolle, zu, mir, nehme, mich, auseinandergesetzt, ausreichend, Auslandsreisen, etabliert, keine, kein, überreden, Haushalt, verhältnismäßig, budgetieren, Nichtsdestotrotz, Keinesfalls, Gewissen

Lektion 11 빈칸 채우기 p.83

Vorsätze, vernünftig, ausgewogen, Erfüllung, gehen, Ballast, faste, Fasten, Grunde, festgelegten, Körpergewichtes, Arten, auf, basieren, unter, anderem, Kohlenhydrate, Muskelbau, formen, mageres, geeignet, Trend, Kernaussage, Gesamtkalorienzufuhr, nimmt, zu, sich, mit, übertreiben, Kriterien, Dschungel, uns, schwer, beurteilen, Ziel, Ernährungsform

Lektion 12 빈칸 채우기 p.90

neuartiges, aufgetaucht, Lungenkrankheit, Pandemie, sich, verbreitet, infiziert, ums, Leben, chronologisch, Infizierte, angesteckt, sich, ausgebreitet, an, infiziert, Maßnahmen, zwischenmenschliche, Grundsatz, bis, auf, Weiteres, gänzlich, Umsetzung, kooperieren, föderalistischen, Ermessen, Eindämmung, Abstandshaltung, Spiel, gebracht, Berechnung, ausschließlich, Neuinfektionen, beraten, den, Griff, Lockdown, Angehörigen

Lektion 13 빈칸 채우기 p.97

führt, vorbei, bedeutende, markante, Schicksal, Biografie, Genie, Adligen, Notlagen, über, Verhältnisse, blühenden, Begabung, Zugang, Taubheit, massiv, launisch, peu à peu, eiferte, nach, übermächtigen, Werken, haderte, mit, unvollendet, Elend, elendsten

Lektion 14 빈칸 채우기 p.104

fundamentalen, Tonsilben, auswendig, lernen, Choräle, Höchstmaß, Notensystem, Melodien, Im, Nachhinein, um, ergänzt, Einschnitten, zur, Anwendung, gebrachten, über, verfügte, außer, Gebrauch, Aussprache, sich, herleitet, gebräuchlich, sich, kaum, durchgesetzt

Lektion 15 빈칸 채우기 p.110

wiederkehrend, hinsichtlich, in, Bezug, auf, Entstehung, gehobene, Unikate, drapiert, erobert, vorführen, Entwürfe, gezeigt, Vorführung, Entwürfe, nacharbeiten, geschneidert, Laufsteg, berühmtesten, Modemetropolen, abstrakt, ausgefallen, Kollektion, heben, hingegen, in, den, Vordergrund, verschwenderisch

Lektion 16 빈칸 채우기 p.117

multikulturellen, Auswirkungen, demographischer, Wandel, ausgeprägt, interkulturelle, Kompetenz, Heranwachsende, Vielfalt, konfrontiert, Bewusstmachung, ausgebaut, Stereotypisierung, motiviert, pluralistischer, Normen, Werten, ausgebildet, umgehen, umstritten, kulturelle, Vielfalt, sensibel, neutral, moralischen, Gewalt

Lektion 17 빈칸 채우기 p.124

fördern, sich, verbreitet, ausführlich, umfasst, Schuleintritt, geistigen, Betreuung, Vorschulangebote, lohnt, sich, Bringt, mit, sich, fundamentale, Vorschulalter, bewiesen, Kindheit, hochwertige, Betreuung, Schulleistungen, beeinflussen, unerfüllten, externen, überlassen, Stresspegel, Balance, nach, verlangt

Lektion 18 빈칸 채우기 p.131

Hochschulreife, Entscheidungskriterien, verliehen, garantieren, sich, herausragende, auszeichnet, nie, anzulocken, Kriterien, Exzellenz, außeruniversitären, guten, Ruf, angenommen, Ungleichheit, Prestige, keiner, vor, Ort, Lebenshaltungskosten, höher, sich, leisten, benachteiligt

Lektion 19 빈칸 채우기 p.137

zahlreichen, Umweltzonen, Stickstoffoxiden, Umweltplakette, erhältlich, angebracht, Verstoß, ausgenommen, Überblick, verschaffen, anbringen, ausgewiesen, Schadstoffgruppen, einfahren, aufgeteilt, beste, zulässig, Einstufungskategorie, bis, dato, eine, keine, bilden, entnehmen

Lektion 20 빈칸 채우기 p.142

Bildungsreform, mit, abgeschlossen, auf, Lande, bezieht, sich, Erklärung, auf, umgestellt, Bewertungsrahmen, Befürworter, verankerten, Mobilität, vereinfacht, Gegner, verkürzten, gekürzt, schlechten, Ruf, beibehalten, zurückzukehren, Betroffene, Personalbüros, Perspektivwechsel

INDEX

Ausgestaltung	(f)	기획, 형태	40
ausgewogene Ernährung	(f)	균형 잡힌 영양 공급	72, 74, 79
auskommen		발생하다	68
ausreichend		충분히	39, 74, 86, 139
ausschließlich		오로지	68, 79, 81, 86, 89
außer Gebrauch kommen		(낡아서) 사용하지 않다	103
außer Kontrolle geraten		통제할 수 없게 되다	26
außergewöhnlich		비범한	33
äußerst		대단히, 극히	11
außeruniversitär		대학 외의	129,139
austauschen		(서로) 의견을 교환하다	32
ausüben		수행하다	32
auswandern		이주하다	45, 47
auswärts		밖으로	72
ausweisen		명시하다, 증명하다	135
auswendig lernen		외우다	101

B

단어		뜻	페이지
Ballast	(m)	무거운 짐	80
basierend		토대/기초가 되는	113
beabsichtigen		의도하다	127
beantragen		신청하다	25, 38, 40, 41
bedenkenlos		거리낌없이, 경솔하게	23
beerdigen		매장하다	93
befähigen		가능하게 하다	115
befüllen		채우다	59, 60
befürchten		두려워하다	39, 129
Begabung	(f)	재능, 소질	93, 95
behaupten		주장하다	24, 47
bei Bedarf		필요할 시	134
bei et. liegen		~에 있다(존재하다)	39, 54
beibehalten		유지하다	141
bekanntmachen		알리다, 공고하다	113
belasten		부담을 주다	72
Belohnung	(f)	보답, 사례	11
benachteiligen		불이익/손해를 끼치다	129
berechtigt sein		권한이 있는	38, 41
besagen		(이론상) 무엇을 말하다, 의미하다	32
beschädigt		손상된	19
Beschädigung	(f)	손상, 훼손	17
beschließen		결정하다	53, 55, 61, 73, 136, 140
bestimmen		정하다, 결정하다	41,120
Beteiligung	(f)	지분	53, 55
betrachten		숙고하다, 눈여겨보다	67, 109, 115, 120, 122, 141
Betreuung	(f)	돌봄, 보호	121, 122, 129
beweisen		증명하다	33, 122
bewilligen		승인하다	41
Bilanz	(f)	성과, 수확	54
Bildungseinrichtung	(f)	교육 기관	113, 115, 120
Bildungsmaßnahme	(f)	교육적 방식	120, 122
bis auf Weiteres		우선, 당분간	88
bis dato		오늘까지, 지금까지	136
blühend		호황의	95
Bluthochdruck	(m)	고혈압	74
BRD (Bundesrepublik Deutschland)	(f)	독일 연방 공화국	26
Brühwurst	(f)	끓는 물에 데쳐 먹는 소시지	13
Bruttostromverbrauch	(m)	전기 총 사용량	54
budgetieren		예산을 편성하다	75
bündeln		묶다	59, 61
Bundesrat	(m)	연방 참의원(각 연방 주의 대표로 구성됨)	55
Bundestag	(m)	연방 의회	55

C

단어		뜻	페이지
Cholesterin	(n)	콜레스테롤	74
Choral	(m)	교회에서 부르는 성가	101
chronologisch		연대표 순으로, 시간순으로	87

T

U/Ü

Umweltzone	(f)	환경 지역	134, 135, 136
unangenehm		불편한	47
unbesehen		검토되지 않고, 주저없이	25
unbürokratisch		비관료적인	25
uneingeschränkt		제약 없이	38
Ungleichheit	(f)	불평등	129
Unikat	(n)	유일한 것	107
Universalerbin	(f)	법률 단독 상속인	34
Unmenge	(f)	많은 양	68
unter anderem		그 밖에도	81
unter Druck stehen		압력을 받다	127
unter et. verstehen		해석/이해하다	38, 66, 107, 115, 121
unter Kontrolle setzen		감시하에 두다	52
Unter Umständen		경우(사정)에 따라서는	38
unter Verdacht stehen		의심받다	31
unterbewerten		과소평가하다	139
unverzüglich		지체없이, 즉시	25
unzugänglich		접근하기 힘든	19
ursprünglich		최초에	18, 26, 79, 80, 106, 109

V

단어		뜻	페이지
variabel		유동적인	52
vegan		비건식의	13, 81
verankert		확정된, 고정된	141
vereinfachen		간략화 하다	141
verfassen		(책을) 집필하다	10, 11, 23, 31, 32, 33
Verfasser	(m)	저자, 저작권자	25, 31
verfeinern		(맛을) 돋우다	13
Vergütung	(f)	보상/배상금	52, 54
verhältnismäßig		비교적, 상당히	68, 75
verheerend		파괴적인, 치명적인	53
verkleben		붙이다	46
verknüpfen		연결하다, 관련시키다	12
verkünden		알리다, 공포하다	25
verlangen (nach et.)		소원하다, 갈망하다	120, 122
verleihen		수여하다	128
verlorengehen		없어지다, 분실되다	23
vermarkten		상품화하다	66
vermitteln		(지식/사안을) 전달하다	18, 113, 122
vernünftig		이성적으로	80
veröffentlichen		출판하다, 공시하다	45, 47, 48
Verordnung	(f)	법령, 지령, 명령	134, 136
verraten		(비밀 등을) 누설하다	11, 45, 47, 48
verschleppen		(강제로) 끌고 가다	19
verschwendung	(f)	낭비	66, 68
verschwenderisch		낭비하는, 사치하는	109
Verschwörungs -theorie	(f)	음모론	31, 32
versorgen		부양하다, 돌보다	40, 74
Versorgung	(f)	공급	52, 53, 54, 60, 135
Versteck	(n)	은신처	45
Verstoß	(m)	위반, 저촉	60
Vertreiber	(m)	판매자	59, 60, 61
verzaubern		매혹하다	73
verzichten (auf et.)		~을 포기하다, 지양하다	66, 68, 72, 73, 79, 81
vielfältig		다양한	96, 127
Vollendung	(f)	만료, 완료	41
von et. enttäuscht sein		~에 실망하다	12
von et. halten		~라고 생각/간주하다	34, 122, 129
von et. profitieren		~로부터 이익을 얻다	139, 141
vor Ort		현장에서	55, 129
Voraussetzung	(f)	조건, 가정	23, 25, 40
vorbeiführen		옆을 지나가다	94
vorführen		보여주다, 선보이다	107
Vorgabe	(f)	사전에 정해둔 원칙/기준	25
vorgeschrieben		규정된	52, 53, 139
Vorliegen	(n)	제출, 제시	23, 24
vorrangig		우선적인	54

W

Z